Zu diesem Buch

In den technokratischen Gesellschaftsentwürfen beugen verfeinerte Herrschafts-
formen, Steigerung des Konsums und Entpolitisierung der Öffentlichkeit einer
drohenden Revolte vor. Aber die nun erkennbare Revolte der schon weitgehend
vom Menschen zerstörten Natur trifft die Technokraten unvorbereitet. Umgeben vom Zerfall der natürlichen Umwelt schlägt die Krise der Gesellschaft in
die globale Krise der menschlichen Zukunft um. In ihrem Gefolge ziehen Resignation und Hoffnungslosigkeit herauf.

Der bekannte Entwerfer und Philosoph Tomás Maldonado weist in diesem
kritisch-polemischen Essay nach, daß der Kampf gegen die Zerstörung der Umwelt nicht ohne eine Besinnung auf die gesellschaftlichen Ursachen dieser Zerstörung geführt werden kann. Im Gegenteil: Die von den Mächtigen geführte
Umweltdiskussion dient weit eher dazu, die gesellschaftlichen Ursachen zu verschleiern. So ist ein Modethema entstanden, das der Mechanik aller Moden un-
terliegt: Verbreitung und Abnutzung gehen Hand in Hand, und auf dem Höhepunkt der umweltbesorgten Propaganda verschwindet das Bewußtsein einer die
Existenz der Gesellschaft bedrohenden Katastrophe. Tomás Maldonado fordert
kritisches Bewußtsein, das alle Beschwichtigungsversuche übersteht und aus den
Umweltängsten zurückfindet zum eigentlichen Problem – der inhumanen, techni-
sierten Gesellschaft. Erst dann kann eine Planung der Umwelt einsetzen, die
immer Planung der Selbstverwirklichung des Menschen sein wird.

Tomás Maldonado, 1922 in Buenos Aires geboren, international bekannt sowohl für seine theoretische als auch praktische Tätigkeit auf dem Gebiet des
Entwerfens und Planens von Industrieprodukten. Er veröffentlichte mehrere Ab-
handlungen über Methodologie des Entwerfens, Umweltplanung, Hochschulbil-
dung, moderne Ästhetik und Zeichentheorie. Von 1954 bis 1966 Dozent, von
1964 bis 1966 Rektor an der Hochschule für Gestaltung in Ulm. 1965 Gast-
professor («Lethaby Professorship») am Royal College of Art in London. 1966
wurde er zum «Fellow» des Council of Humanities der Universität Princeton
(USA) ernannt und übernahm von 1968 bis 1970 den Lehrstuhl «Class of 1913»
an der School of Architecture dieser Universität. Die SIAD (Society of Industrial
Artists and Designers) verlieh ihm 1968 die «Design Medal». Er war von 1967
bis 1969 Vorsitzender des Präsidiums des ICSID (International Council of
Societies of Industrial Design). 1969 hielt er Gastvorträge in der Sowjetunion
(Moskau, Leningrad und Wilna). 1971 wurde er an die philosophische Fakultät
der Universität Bologna berufen.

Der vorliegende Band erscheint in Frankreich, Spanien, England, Lateinameri-
ka und in den USA.

Tomás Maldonado

Umwelt und Revolte

Zur Dialektik des Entwerfens
im Spätkapitalismus

Rowohlt

Die Originalausgabe erschien im Verlag Giulio Einaudi, Turin,
unter dem Titel «La speranza progettuale. Ambiente e società»
Vom Autor autorisierte Übertragung aus dem Italienischen von GUI BONSIEPE
Redaktion: K. A. Eberle
Umschlagentwurf: Werner Rebhuhn

DEUTSCHE ERSTAUSGABE

Veröffentlicht im Rowohlt Taschenbuch Verlag GmbH,
Reinbek bei Hamburg, März 1972
© Rowohlt Taschenbuch Verlag GmbH, Reinbek bei Hamburg, 1972
«La speranza progettuale» © Giulio Einaudi editore s.p.a., Turin, 1970
Alle deutschen Rechte vorbehalten
Satz Aldus (Linofilm-Super-Quick)
Gesamtherstellung Clausen & Bosse, Leck/Schleswig
Printed in Germany
ISBN 3 499 11534 4

Le côté blanc de notre espoir.
PIERRE REVERDY

Vorwort

Dieser Essay dürfte den Leser überraschen, insbesondere den Leser, der eine klare Vorstellung über die Regeln eines Essays hat. Nach herkömmlicher Auffassung muß ein Essay außer Kürze noch zwei Eigenschaften aufweisen: einerseits thematische Offenheit, andererseits formale Geschlossenheit – in der Tat eine wohl widersprüchliche Auflage. Denn zum einen wird in Hinsicht auf die thematische Ausarbeitung vom Autor gefordert, daß er unbeirrt von jedem Einfluß vorgehe, der seiner intellektuellen Neugier Abbruch tun könnte; zum anderen wird in Hinsicht auf die formale Ausarbeitung vom Autor erwartet, daß er sich einem starren Darstellungsmuster, einer gleichsam fest vorgegebenen diskursiven Linearität beugt. Der hier vorliegende Essay genügt dieser Forderung nicht. Wenn sein Inhalt offen ist, so auch seine Form. Kurz: ein Essay wider die Regeln des Essays.

Der Leser wird der ungewohnten Aspekte des Essays bald gewahrwerden, das heißt des verschlungenen und erratischen Gedankengangs, der Neigung, sich in einer Vielzahl bruchstückhafter Beobachtungen auszubreiten, der erdrückenden Menge bibliographischer Einzelheiten, des dauernden Pendelns zwischen sachlichem, didaktischem Stil der akademischen Argumentation und streitbarem, parteiischem Stil der polemischen Argumentation.

Texte haben Vorgeschichte. Der hier vorliegende Text ist von dieser Regel nicht ausgenommen. Seine Besonderheit kann man vielleicht erklären – und somit rechtfertigen – mit dem Hinweis auf den hindernisreichen und gewundenen Weg, der zurückzulegen war, bevor ich mich entschied, den Text so und nicht anders abzufassen. Ursprünglich hatte ich vor, ein systematisches – und vor allem durch hochzielende Vollständigkeit gekennzeichnetes – Buch über den gegenwärtigen Stand der Methodologie im Bereich der Umweltplanung zu schreiben. Im Verlauf der Arbeit aber, als schon ein beträchtlicher Teil des Textes fertiggestellt war, geriet ich bezüglich dieses Unternehmens in Zweifel. Je mehr sich die Kenntnis der methodologischen Techniken vertiefte, desto deutlicher trat der Widerspruch zwischen der relativen Ausgefeiltheit dieser Techniken und der Unreife der gesellschaftlichen Entscheidungszentren, in denen diese Techniken sinnvoll anzuwenden wären, zu tage. Unversehens wurde mir die Fragwürdigkeit des Vorhabens bewußt, einen Traktat zu schreiben: man kann nicht einen Traktat verfassen über eine Realität, die sich in der realen Welt nicht erfassen läßt.

An diesem Punkt schien es mir unausweichlich, das Programm zu ändern. Ich betrachtete es als angebrachter, an Stelle eines systematischen Buches einen kurzen Essay über den Widerspruch zu schreiben, auf den ich gestoßen war. Doch hat der ursprüngliche Plan seine Spuren hinterlassen. Sein Einfluß macht sich an vielen Stellen in dem neuen Vorhaben spürbar. Mehr noch: einige Fragmente – oder besser Residuen – des Traktats, den zu schreiben ich zunächst vorhatte, sind in den endgültigen Text eingefügt. Das Werk, das ich in die Hände des Lesers lege, ist weder ausschließlich ein Essay noch ausschließlich ein Traktat; vielmehr ein Verschnitt aus beidem, eine gewagte Kreuzung zweier radikal gegensätzlicher literarischer Spezies. Ich weiß nicht, ob dieses so angelegte Werk den Leser zufriedenstellen und überzeugen wird oder nicht. Wohl hingegen wage ich zu behaupten, daß es das Zögern, die Unschlüssigkeit, das Schwanken eines ‹technischen Intellektuellen› getreu widerspiegelt – eines Intellektuellen, der sich die Aufgabe gestellt hat, über Sinn (oder Unsinn) seines Handelns im Rahmen der spätkapitalistischen Gesellschaft nachzudenken.

Noch etwas anders möchte ich erwähnen: dieses Werk ist als eine – sei es positive, sei es negative – Reaktion auf eine Denkrichtung geschrieben, die dank der Studentenrevolte jüngst Aktualität gewonnen hat. Was meine Stellungnahme dazu angeht, glaube ich, mich vom Einfluß jener freigehalten zu haben, die vorweg bereit sind, diese Bewegung hochzuloben, wie auch jener, die nur allzu schnell sich dazu herbeilassen, sie unbesehen abzukanzeln. Zweifelsohne hat diese Denkrichtung dazu beigetragen, uns aus dem Zustand selbstzufriedener Schläfrigkeit zu befreien, in dem wir uns befanden. In der Tat hat sie uns – ohne Beschönigungen – daran erinnert, daß unsere Zeit alles andere als eine arkadische, vielmehr eine von Erschütterungen heimgesuchte Epoche ist. Doch verfallen viele Vertreter der Protestbewegung dem Irrtum, hartnäckig das Element Hoffnung zu verweigern und nicht zugeben zu wollen, daß die wahre Praxis des kritischen Bewußtseins untrennbar mit dem Willen verbunden ist, eine kohärente und geordnete Alternative zu den Erschütterungen unserer Zeit zu suchen.

Es lag mir fern, hier eine solche Alternative in allen ihren Details auszubreiten. Mein Vorhaben war bescheidener: ich habe allenfalls eine vorbereitende Aufgabe zu erfüllen versucht, eine Aufgabe der ‹Aufklärung› (im militärischen Sinn), und zwar in jenem Gebiet, in dem eine derartige Alternative möglicherweise auszumachen wäre. Doch solch eine ‹Aufklärungsaufgabe› zu übernehmen setzt voraus, all das aus unserem Interessenbereich zu beseitigen, was unsere Beobachtungsfähigkeit und damit unsere treffende Einschätzung der Wirklichkeit beeinträchtigen könnte.

Daraus erklärt sich, daß ein großer Teil des Essays terminologischen Erörterungen gewidmet ist, daß ein anderer Teil sich einer kritischen Überprüfung der Ursachen für die heute in Mode gekommenen nihilistischen Strömungen annimmt und daß schließlich in einem weiteren Teil die ausgeprägtesten heutigen Formen der Mystifikation im Bereich der Umweltplanung und Umweltgestaltung angeprangert werden.

Es darf den Leser nicht überraschen, daß keine Rezepte geliefert werden. Die Fülle von Problemen, denen wir uns heute in dem erwähnten Bereich gegenübergestellt sehen, läßt höchste Vorsicht beim Übergang vom deskriptiven zum präskriptiven Diskurs geraten erscheinen. Daran haben es in den letzten Jahrzehnten Architekten, Städtebauer und Industrial Designer oftmals fehlen lassen – mit den entsprechenden ernsten Folgen. Mit diesem Essay habe ich nur festzustellen versucht, welche Fehler zu vermeiden wären. Das ist wenig, aber immerhin etwas.

Ich möchte meinen Studenten an der ehemaligen Hochschule für Gestaltung in Ulm und an der School of Architecture der Universität Princeton danken, mit denen ich viele der hier erörterten Fragen eingehend diskutiert habe.

Besonders danke ich auch Fräulein Marisa Bertoldini, die mir bei der Vorbereitung des italienischen Originals geholfen hat.

Mailand, 1970

Vorwort zur deutschen Ausgabe

Abgesehen von einigen unwesentlichen Änderungen habe ich es für richtig erachtet, den Text in seiner ursprünglichen Form zu belassen. Es erschien mir dagegen nötig, ein Nachwort sowie einige Anmerkungen hinzufügen. Dafür sprechen triftige Gründe.

Im Januar 1970, als sich die italienische Ausgabe bereits im Druck befand, rückte das Problem des Umweltverschleißes – eines der Zentralthemen dieses Essays – gleichsam über Nacht in den Blickpunkt des öffentlichen Interesses. Im Nachwort habe ich versucht, nach Verlauf eines Jahres die eigentliche Bedeutung dieses Phänomens kritisch zu beleuchten.

Mit den Anmerkungen möchte ich einige der fühlbarsten Lücken der ersten Ausgabe füllen. Ich gehe dabei vor allem auf eine Reihe von Themen ein, angesichts derer ich es – bedingt durch eine übergroße Strenge – vorgezogen hatte, mich jeglichen abschließenden Urteils zu enthalten. Doch war diese Selbstbeschränkung übertrieben. Ich wollte nicht Stellung beziehen zu Fragen, die seinerzeit dem Anschein nach sich der Möglichkeit einer sachlichen Analyse entzogen.

Dabei hatte ich allerdings übersehen, daß solche, wenngleich gerechtfertigten, Vorsichtsmaßregeln oftmals das Gegenteil dessen bewirken, was man beabsichtigt, und einem sich nicht klar bekennenden, unverbindlichen, ja sträubenden Denken Vorschub leisten. So werden willkürlichen Interpretationen Tür und Tor geöffnet. Unerquickliche Mißdeutungen sind die Folge. Dafür ein Beispiel: Ehrenbezeigungen seitens der Gegner und Verurteilung seitens der Verbündeten. In von solchem Lärm erfüllten Zeitläuften wird nur allzu fahrig zugehört, worüber sich kürzlich Ernst Bloch beklagte: «Wer hört zu? . . . Beifall von der falschen Seite. Kritik von der falschen Seite . . .» Um zu vermeiden, in schlechter, also verfälschter Form gehört zu werden, wären die oben erwähnten Vorbehalte beiseite zu schieben. Das verfolgen die neuen Anmerkungen, insbesondere über die Gewalt (S. 82), über die Beziehung zwischen Stadt und Land (S. 94 f) und über die Möglichkeit einer allgemeinen Theorie der Entwurfspraxis (S. 108 f).

Diese recht umfangreichen Exkurse lassen noch klarer als in der Originalausgabe das quantitative Mißverhältnis zwischen Text und Anmerkungsapparat hervortreten. Mehr noch als vorher droht das Buch, sich in zwei Teile zu spalten: auf der einen Seite der Essay, also der Haupttext; auf der anderen Seite der ‹Zettelkasten›, das heißt die Kommentare, Überlegungen und bibliographischen Quellen des Verfassers, wie sie sich vor, während und nach der Ausarbeitung des Textes ergaben.

Ich hoffe, daß der Leser diese dem orthodoxen Kanon widersprechende Textabfassung ohne allzu großes Unbehagen (oder schlimmer: ohne allzu großes Ärgernis) hinzunehmen vermag. Aus Gründen größerer Bequemlichkeit kann, wer will, zuerst den Essay und danach die Anmerkungen lesen. Die Reihenfolge der Kapitel des Haupttextes ist wichtig, nicht dagegen die der Anmerkungen.

Ich möchte an dieser Stelle Prof. Gui Bonsiepe, Freund und Kollege langer Jahre an der Hochschule für Gestaltung in Ulm, der jetzt in Chile lehrt, für die deutsche Übersetzung ganz besonders danken.

Mailand, 1972

1

Seit je – oder zumindest von dem Augenblick an, da die Menschen sich als solche bezeichnen konnten – haben sie in einer Umwelt gelebt, die sie zum Teil selbst geschaffen haben.

Das Bewußtwerden der Existenz einer solchen Umwelt indessen, also der recht augenfälligen Tatsache, umgeben und bedingt zu sein von einem spezifisch menschlichen Territorium, einem physischen und soziokulturellen Milieu, das heute ‹menschliche Umwelt› genannt wird, ist merkwürdigerweise recht jungen Datums. [1]

Das gesamte spekulative Denken und der Systemeifer der traditionellen Philosophie (von Aristoteles bis Hegel) waren von Anbeginn auf die eingehende Analyse der Beziehung zwischen Mensch und Natur, später dann der Beziehung des Menschen zu sich selbst und schließlich der Beziehung zwischen Mensch und Geschichte gerichtet. Vernachlässigt wurde dagegen die Wirklichkeit der ‹menschlichen Umwelt›, eine Wirklichkeit, die für Jahrhunderte die konkrete Welt abgab, innerhalb derer wir alles daransetzten, zu leben, miteinander zu leben und zu überleben. [2]

Ein auch nur oberflächlicher Blick auf die Entwicklung des nachhegelianischen (oder besser von Hegel ausgehenden) Denkens genügt, wenn nicht alle, so doch die wichtigsten der ersten Belege für die eben erwähnte Einstellung nachzuweisen. Sie zeigt sich vor allem in den Grundideen der großen Denker, die seinerzeit die abendländische Kultur geprägt haben, wie zum Beispiel im Begriff der Entfremdung von Hegel, Feuerbach und Marx, der die dialektische Vermittlung zwischen Bewußtsein und gesellschaftlicher Wirklichkeit in einem neuen Licht erscheinen ließ. Weiterhin im reichen Begriffsarsenal von Peirce, der den Weg für die heutigen Forschungen auf dem Gebiet der Zeichenfunktion der Umweltstruktur bahnte; in den breitangelegten demystifizierenden Attacken Nietzsches mit seiner nahezu allergischen Empfindlichkeit gegenüber jeglichem Dogma, das Passivität und bequemes Sich-Abfinden des Menschen mit der Welt anempfiehlt; weiterhin in der abdestillierten phänomenologischen Methode des späten Husserl, von der noch eine ins Detail gehende Erhellung des Aufbaus unserer unmittelbaren Wirklichkeit zu erwarten ist; in dem mutigen Zugriff Freuds, der mit einem Schlag die Bindungen zwischen individuellem Seelenleben und kultureller Umwelt ihres Heiligenscheins beraubte; im Bemühen der Vertreter des modernen Empirismus, polemisch jegliche Form von Metaphysik in der Reflexion über die objektive Welt zu verfemen; und schließlich in dem Eintreten der Existenzphilosophie für ein menschliches Leben, das definiert (und redefiniert) wird als umstands- und umweltbedingtes Sein, als welches es sich in der Umwelt entfaltet; das also nicht eingeschreint wäre in vorgeblich absolute Kategorien.

In all diesen Schriften bekunden sich die ersten Bestrebungen, sich dem tausendjährigen lähmenden Einfluß des Adamstraumas zu entziehen, das heißt der unbegründeten Annahme, daß die Welt des Menschen von ihm widerstandslos ererbt wird, wo doch im Gegenteil diese Welt eben seine Verwirklichung ist. Wichtiger noch, einen Topos von Hegel, Feuerbach und Marx aufgreifend: die Verwirklichung der Welt des Menschen läßt sich nicht abspalten von seiner Selbstverwirklichung. Die Erzeugung der Umwelt ist in der Tat Selbsterzeugung des Menschen; phylogenetisch und ontogenetisch bilden beide einen einzigen Prozeß. Doch wenn der Arbeit einerseits ein Moment der Selbstverwirklichung eignet, dann andererseits ein Moment der Entfremdung. Auf welche Weise sich das Bewußtsein die es umgebende Wirklichkeit aneignet, das beeinflußt entscheidend deren Ausprägung. Mit anderen Worten: einem Bewußtsein, das durch Entfremdung zersetzt, geschwächt, ja sogar erniedrigt wird, entspricht immer eine Umweltwirklichkeit, die sich eben nur mit Hilfe der Termini der Entfremdung entschlüsseln läßt. Doch das gilt nur so lange, als man auf einer allgemeinen Betrachtungsebene verweilt. All jene, die größere analytische Schärfe reklamierten, endeten bei der gleichen enttäuschenden Feststellung: der Begriff der Entfremdung ist kurzatmig und hilft nur bis zu einem bestimmten Punkt. Nur zu bald erweist er sich als schwammig, undurchdringbar; schlimmer noch: als irreleitend. Doch wäre nicht dem Fehler zu verfallen, glattweg seine Nützlichkeit abzustreiten. Im Gegenteil: die zur Zeit um den Begriff der Entfremdung wieder auflebende Debatte kann neue und fruchtbare Perspektiven für die Analyse der Beziehung zwischen Bewußtsein und Umwelt eröffnen. [3]

Nichts wäre allerdings falscher, als das wachsende Problembewußtsein über die ‹menschliche Umwelt› einzig und allein der Entwicklung des philosophischen Denkens zuzuschreiben. Andere gleich bedeutende Faktoren spielen da mit hinein: zu der Überzeugung beispielsweise, daß sich zwischen Mensch und Wirklichkeit, zwischen dem Menschen und seinem Selbst, zwischen Mensch und Geschichte eine neue Zwischenschicht – die ‹menschliche Umwelt› – befindet, hat auch die geduldige Aufklärungs- und Forschungsarbeit der Naturwissenschaftler wesentlich beigesteuert.

Diese umrissen im vergangenen Jahrhundert die Grundzüge der allgemeinen Ökologie [4], während andere, in diesem Jahrhundert, im Verein mit Soziologen, Psychologen und Anthropologen die Entwicklung der

Human- oder Sozialökologie als einen neuen Zweig der allgemeinen Ökologie vorangetrieben haben. [5]

Eine wissenschaftliche Problemstellung dürfte dem Denken jener zugute kommen, die es – nach Hegel – als ihre Aufgabe betrachtet haben, das Interesse der Philosophie auf die Thematik der menschlichen Umwelt und deren besonderer Struktur hinzulenken.

Für die Ökologen bildet die menschliche Umwelt – mit gleichsam polemischer Trockenheit formuliert – eines der zahlreichen Subsysteme, aus denen sich das unermeßliche ökologische Natursystem zusammensetzt. Eben diese Ökologen zögern freilich nicht, dem menschlichen Subsystem als dem eigentümlichsten unter den vielen auf diesem Planeten anzutreffenden Subsystemen einen Sonderstatus, ein spezifisches ‹Verhalten› zuzuschreiben. Dieser Ausnahmecharakter der menschlichen Umwelt wäre nicht als eine Neuauflage einer anthropozentrischen Fiktion zu betrachten.

Denn dieses in Rede stehende Subsystem hebt sich im Vergleich zu anderen vor allem dadurch ab, daß es seine Beziehungen zu anderen Subsystemen bewußt einsetzen, also gebrauchen (oder besser mißbrauchen) und deren Geschick einschneidend beeinflussen kann. Zwar können auch alle anderen Subsysteme das ökologische Gleichgewicht eines Fremdsystems stören: doch einzig das menschliche Subsystem besitzt heute die virtuelle und reale Fähigkeit, wesentliche, das heißt irreversible Störungen im Gleichgewicht anderer Subsysteme hervorzurufen.

Doch damit erschöpft sich das Risiko noch nicht. Denn jegliche Störung dieser Art beschränkt sich nicht nur auf einen bestimmten Sektor, sondern endet früher oder später damit, die Stabilität des Gesamtsystems zu beeinträchtigen, einschließlich des Subsystems, das diesen Prozeß der Gleichgewichtsstörung in Gang gesetzt hat. Niemand anderes als der Mensch, oder vielmehr sein auf die physische und soziokulturelle Umwelt einwirkendes Bewußtsein ist es, das im ökologischen Reich die Rolle des *agent provacateur* spielt. [6]

An diesem Punkt sehen wir, wie bereits erwähnt, inwiefern der wissenschaftliche Ansatz gegenüber dem Problem der menschlichen Umwelt zum Kern des nachhegelianischen Denkens führt, und daß – um es bündig und also auch auf angreifbare Weise zu formulieren – dabei die Rolle des Bewußtseins und besonders des kritischen Bewußtseins in bezug auf eine stark umstands- und situationsbedingte Umwelt in gebührender Weise herausgekehrt wird; eine Wirklichkeit also, die nicht mehr in Kategorien zu pressen, sondern auf das Zentralproblem hin zu reflektieren wäre: den Konflikt zwischen Freiheit und Notwendigkeit.

Der Begriff der menschlichen Umwelt gründet also einerseits in der modernen Philosophie und andererseits in den revolutionären Beiträgen der ökologischen Wissenschaft. Nicht zu übergehen ist allerdings eine dritte Quelle: die literarische und künstlerische Darstellung. Sie hat die äußerst delikate Aufgabe erfüllt, ein philosophisches Begriffsgebäude in ein der Sensibilität zugängliches Material, ein wissenschaftliches Denkgebilde in den Modus subjektiver Wahrnehmung zu übersetzen. Diese literarische Anstrengung hat auf indirekte Weise die subtilen und überdeckten Seiten unserer Zwischenschicht erschlossen. Der grandiosen, gleichsam intuitiven Beobachtungsgabe, die sich in den Werken von James, Dostojevskij, Proust, Kafka, Svevo und Joyce dokumentiert, verdanken wir ein Material, auf das sich in Zukunft – unter diesem besonderen Blickwinkel – ertragreiche Untersuchungen richten müßten. [7]

Gleiches gilt von dem unermeßlichen Material, das in Form der visuellen Erfaßung der Umwelt während dieses Jahrhunderts zunächst von der Fotografie, später dann in erheblich feinmaschigerer Weise vom Film und Fernsehen erbracht worden ist. [8]

Nicht zu vernachlässigen wäre schließlich auch die Rolle, die im Verlauf der Entwicklung des Umweltbewußtseins von jenen tangiblen Strukturen gespielt wird, die durchgängig unser individuelles und gesellschaftliches Verhalten auf psychosomatischer Ebene bedingen. Gemeint sind damit die Gegenstandsstrukturen, die als Städte, Bauten und Gebrauchsgegenstände unserer Umwelt Form und Gehalt verleihen.

2

Soweit bestand unser Vorhaben darin, versuchsweise eine erste Hypothese zu wagen, so bruchstückhaft, spekulativ und approximativ sie auch sein mag, eine Hypothese über die wesentlichen Gründe, die zur Entwicklung des gegenwärtigen Umweltbewußtseins geführt haben.

Damit soll die Erörterung dieses Problems nicht abgeschlossen sein. Doch sind wir jetzt offensichtlich an die Grundfrage herangekommen: was ist letztlich die menschliche Umwelt? Etwa das Ergebnis eines blinden Prozesses, ohne jede Spur von Intentionalität (und damit Kohärenz), ein willkürliches Über- und Durcheinander isolierter Tatsachen, ein unkontrolliertes und unkontrollierbares Phänomen?

Das Schauspiel, das die menschliche Umwelt heute bietet, scheint auf den ersten Blick stark für die letzte Deutung zu sprechen. Wer immer in dieser Welt mit offenen Augen lebt, kann schwerlich dem Eindruck sich verschließen, daß die Wirklichkeit – wie sie hier expliziert wird – sehr stark jener Wirklichkeit ähnelt, die wir alle wahrzunehmen und zu erleiden tagtäglich Gelegenheit haben. In dieser Wirklichkeit haben die Beziehungen zwischen Menschen und Gegenständen einen beklemmenden Grad von Irrationalität erreicht. [9]

Nun stellt eine eingehendere Analyse heraus, daß diese anscheinend zutreffende Beschreibung doch auf recht brüchigen Voraussetzungen fußt. Wir können (und müssen) den irrationalen Charakter der Umwelt entlarven und kritisieren; doch kein Diskurs über deren entfremdendes Wesen kann darüber hinwegtäuschen, daß die Umwelt ein Ergebnis unseres Willens zum Machen ist und daß wir alle, direkt oder indirekt, die Gegenstände der Umwelt zu schaffen und zu verwirklichen haben, die ihrerseits entscheidender Bestandteil unserer *condition humaine* sind. [10]

Unsere Beziehungen zur Umwelt, in der wir hausen, lassen sich daher nicht mit den Beziehungen beispielsweise zwischen Behälter und Inhalt vergleichen, die sich unabhängig entwickelt haben (Beziehungen, die genaugenommen eine Wechselbeziehung implizieren können oder auch nicht). Bei unseren Beziehungen handelt es sich vielmehr immer um Wechselbeziehungen, was nicht ausschließt, daß sie sich – wie es oftmals geschieht – als wesentlich negativ für den Menschen und seine Umwelt erweisen. Doch zweifelsohne resultieren Inhalt und Behälter – die *condition humaine* und die menschliche Umwelt – aus ein und demselben dialektischen Prozeß gegenseitigen Bedingens und Formens.

Dank dieses Prozesses kann der Mensch aktiver und kreativer Bestandteil der diesseitigen Wirklichkeit werden. Und gerade in diesem Umweltbegriff hat der Mensch zu allen Zeiten Befriedigung tiefliegender Bedürfnisse gesucht (wenn auch nicht immer gefunden). Gemeint ist damit das Bedürfnis nach konkreter Projektion, einer Widerspiegelung des menschlichen Tuns, einem Niederschlag seiner selbst außerhalb seiner selbst, einer greifbaren Bestätigung all dessen, was der Mensch auf dieser Welt ist, macht und machen will.

In diesem Zusammenhang erscheint es mehr als notwendig, eine Philosophie, oder besser eine heute hoch im Kurs stehende Einstellung zu erläutern, die den Wert dieser konkreten Projektion, des Aus-sich-heraustretens-in-die-Welt, rundheraus anzweifelt und als bieder abtut. Die Argumente der Verfechter dieser Tendenz lauten wie folgt: das menschliche Bedürfnis nach konkreter Projektion, nach konkretem Entwurf (im philosophisch-anthropologischen Sinn) entstamme der recht kurzen utopischen, rationalistischen Tradition der Aufklärung; doch seine eigentliche Wurzel sei in den Formen eines manisch-aggressiven Aktivismus und Utilitarismus des Abendlandes in allgemeinen und der bürgerlichen Gesellschaft im besonderen zu suchen.

Gegenstück zu diesem abwegigen und entfremdenden Bedürfnis sei die transzendente Projektion, Niederschlag eines extremen Subjektivismus. Diese Hinwendung zur Transzendenz sei zu allen Zeiten Ausdruck kontemplativen Wissens und höchster Weisheit gewesen und als solche innig mit der orientalischen Kultur verwoben.

Nun, der Versuch, das menschliche Bedürfnis nach Projektion (aufs Konkrete hin gerichtet und abendländisch im einen Fall, aufs Transzendente hin gerichtet und orientalisch im anderen Fall) drastisch zu polarisieren, läßt logische Schärfe und historische Genauigkeit vermissen. Wir stoßen hier auf eine bedauernswerte Begriffsarmut, auf eine Mischung von banalen Vorurteilen der Geschichtsschreibung des vergangenen Jahrhunderts mit klobigen Irrtümern der Spenglerschen Kosmogonie. Daraus erwachsen unheilbar anachronistische und somit gleichzeitig schwer, wenn nicht unmöglich zu lösende Probleme.

Denn hier handelt es sich nicht nur um eine ungeschlachte Vereinfachung in Form einer Dichotomie von Weltanschauungen, sondern auch um die noch gröbere Vereinfachung der bereits erwähnten Dichotomie Abendland–Morgenland. Die Geschichte widerlegt diese vorgeblich absolut symmetrische Korrelation zwischen zwei entgegengesetzten Weltanschauungen und geokulturellen Weltbildern.

Der geschichtliche Verlauf dieser als West–Ost etikettierten Kulturen lehrt nämlich, daß beide gleichzeitig sowohl schwarz wie weiß gewesen sind: im einen wie anderen Kulturkreis finden sich Belege für radikalsten Objektivismus ebenso wie für radikalsten Subjektivismus; Belege sowohl für erfinderisches, technisch-mechanisches Genie als auch für kühnes, abstrakt-spekulatives Genie; Belege für sinnliches Verhaftetsein mit der Welt wie für deren asketische Verdammung. [11]

Nein: die Alternative zwischen konkreter und transzendenter Projektion ist falsch. Doch sind wir noch nicht von der Richtigkeit der paramarxistischen These überzeugt, die sich geradlinig aus der Philosophie des deutschen Idealismus und der deutschen Romantik herleitet und derzufolge das Konkrete und das Transzendente zu zwei verschiedenen Momenten ein und desselben Diskurses werden können. In unmißverständlicher Form ausgedrückt würde mit dieser These hypostasiert, daß die transzendente Projektion – als eindeutig geistiges, isoliertes und individuelles Unternehmen – in Zukunft verschwinden kann oder muß, um sich in der konkreten Projektion aufzuheben.

Eines steht jedoch für uns unabdingbar fest: der Mensch hat niemals und wird niemals leben oder überleben können ohne konkrete Projektion. Wer heute diese aufkündigen will, mißversteht nicht nur die Vergangenheit des Menschen, sondern kompromittiert auch dessen Zukunft.

Damit ist ein gewichtiges Argument herausgearbeitet: die Ablehnung der konkreten Projektion impliziert gleichzeitig die Ablehnung des Projektierens im Sinne des Planens und Entwerfens, insofern dieses nicht ohne jenes sein kann. Ohne Hinwendung zur Welt keine Wendung in der Welt. Mit anderen Worten: man kann nicht Modelle konstruieren, mit Hilfe derer sich Strukturen, Handlungen und Verhalten simulieren lassen, ohne daß man bereits vorher den unmißverständlichen Willen besitzt, jene Strukturen, Handlungen und Verhaltensweisen in die Wirklichkeit umzusetzen.

All das leuchtet ohne weiteres ein. Auch haben Versuche, mit Hilfe rein verbaler Kunststücke diese Tatsache zu eskamotieren, bisher keinen Erfolg gezeitigt. Ohne Zweifel erweisen sich an diesem Punkt die Tatsachen als besonders widerborstig und sind somit nur schwer zu übergehen oder zu umgehen. Freilich kann das alles ohne allzu ernste Folgen verschleiert werden, allerdings mit einer Ausnahme: niemand kann abzustreiten versuchen, daß Planen und Entwerfen das stärkste Band zwischen Mensch, Wirklichkeit und Geschichte bilden.

Unsere Umwelt — sei sie im Ganzen, ausschnittsweise oder punktuell betrachtet — ist Resultat dessen, was Vico als die «Fähigkeit des Machens» definiert hat, die das «verum» mit dem «factum» verknüpft. [12] Wenn es auch nicht angeht, die Fähigkeit des Machens mit dem gleichzusetzen, was man die Fähigkeit des Planens und Entwerfens nennen könnte, so wäre doch zumindest zu konzedieren, daß beide Termini in derselben Diskurswelt angesiedelt sind, das heißt in der operativen Diskurswelt des Menschen, in der Sphäre des Handelns und Machens.

Machen und Entwerfen setzen sich zwar nicht notwendig voraus; doch beide Aktivitäten entwickeln sich nur in Ausnahmefällen unabhängig voneinander, und nur in Ausnahmefällen haben sie keinen Anteil an derselben Modalität des Wirklichen und des Willens, in der Wirklichkeit zu handeln.

Da gibt es zum Beispiel das typische Machen ohne Plan, das in der Regel jeder rationalen vorgängigen Zielsetzung entbehrt: das Spiel. Auch gibt es das typische Planen ohne Machen als solches, ein Entwerfen, dessen Hauptziel nicht in der unmittelbaren Verwirklichung besteht: die Utopie.

In diesem Zusammenhang, und nur in diesem, fassen wir das Spiel auf als eine freie, spontane Aktivität, ungegängelt durch einen Code, ohne ‹Spielregel›, ohne Drill- oder Strafsystem, das die Freiheit des Spielers beschneiden könnte. Utopie kann, wie später noch zu erläutern ist, mit Hilfe ganz andersartiger Termini definiert werden. Für den Augenblick und nur als Provisorium wäre festzuhalten, daß es sich auch bei ihr um eine freie und ungegängelte Aktivität handelt, also um eine Utopie, die nicht den Anforderungen des Hier und Jetzt unterworfen und ausgenommen ist von der Auflage des Plausiblen oder unmittelbar Einleuchtenden.

In augenfälliger Weise sind Utopie und Spiel verknüpft, und zwar durch ihre Zweckfreiheit; freilich durchaus nicht durch absolute Zweckfreiheit, insofern beide in gewisser Weise als Vorübungen dienen: das Spiel für das Machen, die Utopie für das Planen und Entwerfen.

Andererseits eignet der Utopie – in der Sicht Blochs [13] – eine Komponente, die dem Spiel fehlt; in der Mehrzahl der Fälle stellt Hoffnung den Antrieb für Utopie. So gesehen impliziert positive Utopie – außerhalb des Rahmens dieser Betrachtung bleibt die negative Utopie von Samuel Butler [14] und Arno Schmidt [15] – die Anerkennung der Tatsache, daß die Welt allen ihren Mängeln zum Trotz doch prinzipiell sich verbessern und vervollkommnen läßt. Es handelt sich dabei also um eine sehr subtile Art konkreter Projektion, genauer: um deren zwar nicht reale, aber doch virtuelle Form.

Es dürfte also nicht erstaunen, daß der Dialog mit den Utopisten – zumindest mit einigen von ihnen – heute noch möglich ist. Das bedeutet schon viel in einer Situation wie der gegenwärtigen, in der ein Dialog immer seltener wird und immer schwieriger sich anläßt; mehr noch, in der die Mystifikation eines neuen manichäischen Obskurantismus immer mehr dazu verleitet, hinter jedem Wort und jedem Gedanken einen heimlichen Auftraggeber zu argwöhnen.

Die Utopisten haben die Flucht nach vorn gewählt. Sie haben sich die zweischneidige Aufgabe erkoren, eine geschichtliche Zukunft auszumalen und eine Weltkarte einer noch verborgenen oder noch zu erfindenden Welt anzulegen. Nichtsdestotrotz läßt sich kaum bestreiten, daß diese Ermutigung zur (wenn auch scheinhaften) Innovation immer, oder fast immer, ein gewaltiges revolutionäres Potential in sich barg. Der Dialog mit den Utopisten läßt sich deshalb aufnehmen, weil trotz aller Verschwommenheit und Unentschiedenheit ihr Grundtrieb weiterhin Hoffnung heißt. Damit ist nicht gesagt, daß unsere Hoffnungen notwendig dieselben sein müssen. Im Gegenteil, bisweilen wären sie es besser nicht.

Wenn der Dialog in diesem Fall wirklich geführt werden kann, so dürfte das ausgeschlossen sein bei jenen, die seit je im ‹Prinzip Hoffnung› nurmehr ein versteinertes Relikt einer sentimentalen Ideologie sehen. Über die Dialogverweigerung hinaus lehnen sie unumwunden das Planen und Entwerfen in all ihren Formen ab. Wer auf etwas hofft, hat auch etwas mitzuteilen und umgekehrt. Insgleichen erübrigen sich Planen und Entwerfen, wenn man weder Hoffnung auf etwas noch etwas mitzuteilen hat.

Während sich in der Hoffnung ohne Entwurf — gemeint ist hier die transzendente Projektion — eine höchst spezifische Form des entfremdeten Verhaltens manifestiert, findet sich dagegen im Entwurf ohne Hoffnung dessen landläufige Form. Anders formuliert: das paradoxe Verhalten, das sich daraus ergäbe, entwerfen zu müssen, ohne etwas Konkretes zu entwerfen zu haben. Und mehr noch: ohne die Zuversicht, ohne den Willen dazu zu besitzen. [16]

Dieser Sachverhalt sei an einem Beispiel aus der Mythologie verdeutlicht: Sisyphos ist die allegorische Verkörperung des Entwerfers ohne Hoffnung. Das entfremdete Verhalten des Entwerfers in der bürgerlichen Gesellschaft, der ständig «in tiefer Anwiderung und lähmender Frustration» lebt, ist glänzend von Mills in seinem Artikel ‹Man in the Middle: the Designer› analysiert worden. [17]

3

Nach dem Versuch, aufzuzeigen, daß die pauschale Ablehnung des Planens und Entwerfens insofern gerechtfertigt ist, als aus ihr eine Abscheu gegen das Handeln ohne Hoffnung spricht, sollen jetzt die einzelnen Gründe für die Hoffnungskrise im Planen und Entwerfen dargelegt werden. Eine landläufige Interpretation bringt die Krise in ursächlichen Zusammenhang mit der Ablehnung der Konsumgesellschaft — eine Haltung, die in jüngster Zeit mehr und mehr Zustrom genießt. Diese Haltung impliziert eine Anklage gegen Planung und Entwurf, genauer gegen die Planer und Entwerfer, denen Mitverantwortung am Prozeß der Schaffung, Programmierung, Entscheidung und Herstellung der heutigen Umwelt vorgehalten wird.

In der Polemik gegen die Konsumgesellschaft bricht oftmals die Tendenz durch, allzu blindlings und allzu eilfertig das im Planen und Entwerfen enthaltene Agens Hoffnung zu opfern. Man kann zwar nicht behaupten, daß eine solche Deutung der Planungs- und Entwurfstätigkeit grundsätzlich an der Sache vorbeigeht; vielmehr wäre ihr eine gewisse Einseitigkeit anzukreiden. [18]

Für sich genommen kann der Entwurfsnihilismus weder begriffen noch verteidigt werden. Er muß im Zusammenhang mit zwei weiteren Phänomenen geprüft werden, die heute eine besonders virulente Form angenommen haben: Auf der einen Seite der Kulturnihilismus, auf der anderen Seite der politische Nihilismus.

Th. W. Adorno war es, der mit einem seiner konzisen Aphorismen die Voraussetzung für eine eingehende Reflexion dieses Themas geschaffen hat. In seinem Buch ‹Negative Dialektik› [19] nimmt Adorno ein bereits in einer früheren Arbeit vorgebrachtes Argument wieder auf: «Alle Kultur nach Auschwitz . . . ist Müll.» Er will mit dieser Aussage nicht nur noch einmal die Barbarei der Naziverbrechen (oder wenn man will, der Verbrechen der Deutschen) anklagen. Er zielt weiter: wenn auch später einmal das ungeheuerliche Ausmaß dieses Verbrechens dem Vergessen überantwortet wäre, eine Wunde wenigstens würde nicht vernarben, die Wunde, die Auschwitz im Körper der modernen Kultur der Aufklärung hinterlassen hat und die daran gemahnt, daß Rationalität zum Werkzeug brutaler Irrationalität werden kann.

Nach Auschwitz, nach dem Skandal einer Optimalisierung des Genozid, verbietet es sich, Kultur und Bildung zu pflegen wie ehemals. Man kann nicht weiter ‹versprechen›, vor allem, weil man heute jeglichen Glauben an andere und an sich selbst eingebüßt hat. Was Adorno die «Philosophie des Versprechens» nennt, hat die Hölle des nazistischen *univers concentrationnaire* nicht überlebt. Bis Auschwitz wurde die überwiegend der Aufklärung verpflichtete Kultur von einigen Gründentscheidungen gelenkt und bestimmt: nach Bacon lösten Sachverhalte das bloße Meinen ab; nach Lullus, Hobbes und Leibniz trat der Kalkül an die Stelle des Streitgesprächs.

Diese Entscheidungen signalisierten radikale Veränderungen in der Geschichte der Philosophie. Sie leiteten den Versuch ein, das Denken fester mit der Wirklichkeit zu verschränken, indem eine Philosophie, die über Ideen spekulierte und gewöhnlich einige präskriptive Schlußfolgerungen wagte, ersetzt wurde durch eine Philosophie, die sich auf Sachverhalte stützend operieren und mit Hilfe des Kalküls zu deskriptiven Schlußforderungen gelangen würde. Es ging schließlich darum, dem Denken absolute Wertfreiheit zu garantieren.

Diese Forderung hat zweifelsohne dem modernen wissenschaftlichen Denken zum Durchbruch verholfen. Doch endete diese Wertfreiheit, so fruchtbar sie auch sein mag – einmal zur Besessenheit geworden –, damit, Werkzeug der ‹bürgerlichen Kälte› zu werden.

Unter «bürgerlicher Kälte» [20] versteht Adorno ein von äußerster Negativität geprägtes Verhalten, das sich aus dem Streben nach Wertfreiheit und Positivität um jeden Preis ergibt. Das Verhalten also des distanzierten Beobachters, der die Welt mit dem eiskalten «trockenen Blick» betrachtet, von dem Descartes sprach. [21] Die bürgerliche Kälte verdinglicht, versachlicht die Menschen und stumpft schließlich gegen deren Unglück, Leiden und Qualen ab. Der ‹trockene Blick› erfaßt besonders scharf die fernliegenden Dinge; aber die naheliegenden unterscheidet er nicht; schlimmer noch, unter ihnen gewahrt er nicht den ‹feuchten Blick› des Menschen.

Deshalb ist in dem Vernichtungslager Auschwitz eines der bestialischsten Zeugnisse bürgerlicher Kälte zu sehen. Die unerbittliche Pedanterie der Kartei, die sich in den Archiven fand – Tatsachen und Ziffern im Dienste der Grausamkeit –, kann sich auf eine klare Genealogie in der Ideengeschichte berufen.

Der Faschismus läßt sich nicht allein als Ausdruck des Irrationalismus erklären, wie man zu einer Zeit durchweg angenommen hatte. Der Faschismus erklärt sich auch als Ausgeburt, als Mißgeburt, als Bastard der Aufklärung. [22]

Das ist die Zentralthese der ‹Dialektik der Aufklärung› von Adorno und Horkheimer [23]. Immer hat die Aufklärung den Keim der bürgerlichen Kälte in sich getragen. Wir können nicht umhin, diesen Sachverhalt auf all seine Implikationen hin abzuschätzen, zumal die gegenwärtige technischindustrielle Zivilisation weiterhin und in wesentlichen Zügen von der Aufklärung getragen wird. Nichts Besonderes wäre also darin zu sehen, daß die gesamte kulturelle Tätigkeit (Philosophie, Wissenschaft, Kunst oder Literatur) im Rahmen einer solchen Zivilisation zu einem fragwürdigen Unternehmen wird in dem Augenblick, da niemand mehr von vornherein davon ausgenommen ist, ein Komplice eines wirklichen oder potentiellen Kerkermeisters zu sein. Versagt ist die Gewißheit, daß ebendieselbe Kultur, zu deren Prägung die jeweils eigene Arbeit beiträgt, nicht Müll sei. Diese Verunsicherung hat auch die Politik befallen.

Das also ist das Neue an Auschwitz.

Condorcet zum Beispiel, Aufklärer aus dem Kreis der Girondisten, vermochte in Erwartung der Guillotine an seiner ‹Esquisse d'un tableau historique des progrès de l'esprit humain› weiterzuschreiben, selbst nachdem Robespierre – Jakobiner und auch er ein Aufklärer – seine blutige Schreckensherrschaft errichtet hatte. Wahrscheinlich entging ihm der Zusammenhang zwischen seinen Überlegungen und dem Terror, den die Anwendung einiger dieser Gedanken direkt oder indirekt heraufbeschworen hatte.

Er stieß sich anscheinend nicht einmal allzusehr an der Tatsache, daß er selbst im Begriff stand, hingerichtet zu werden. Im Gegenteil, er setzte die Erörterung über «den Fortschritt des menschlichen Geistes» fort.

Nach Auschwitz verbietet sich eine solche Haltung. Kein noch so abgezirkelter Winkelzug kann vergessen machen, daß viele der Vorstellungen, denen wir weiterhin anhängen, von neuem zu der gleichen verdinglichenden Hypnose führen können, durch welche die Welt des nazistischen *univers concentrationnaire* ermöglicht wurde.

Unsere gegenwärtige Präventivreaktion der Verhütung dieser Möglichkeit beinhaltet eine Absage an das Handeln im Namen des Handelns ohne genau umrissene Zielvorstellung; weiterhin an den Kulturnihilismus und den politischen Nihilismus, die vereint der Entstehung des Entwurfsnihilismus Vorschub leisten.

An diesem Punkt erhebt sich die Frage: warum schwillt gerade jetzt diese Flut des Nihilismus an? Warum ist es jetzt plötzlich der Mühe nicht mehr wert, eine schöpferische Handlung zu wagen und einen Gedanken bis zu Ende zu denken? Warum ist das Nach-Auschwitz – untergründig seit einem Vierteljahrhundert vorhanden – gerade jetzt aufgebrochen zu einer nachgerade brennenden Aktualität?

Die Deutung Adornos reicht nicht hin, alle Implikationen des Phänomens aufzuspüren. Schließlich ist es ungerecht, zu behaupten, Auschwitz bilde die einzige Ursache des Nach-Auschwitz. Hier sei ein scheinbar tautologischer Satz gestattet: das gegenwärtige Nach-Auschwitz erklärt sich ‹auch› durch das reale Auschwitz. Sicher muß man die Ursachen in dem Trauma erblicken, das durch die Ungeheuerlichkeit der Massaker in den Konzentrationslagern der Nazis hervorgerufen wurde; darüber hinaus aber auch in allen Ereignissen, die im Laufe der vergangenen 25 Jahre dieses Trauma noch weiter vertieft haben.

Rührend und enttäuschend nimmt sich heute – aus der Sicht der zwei vergangenen Jahrzente – der gute Glaube oder die Naivität derer aus, die noch 1948 – also bereits zwei Jahre nach der Rede Churchills in Fulton [24] – sich begeistert um die ‹*Allgemeine Erklärung der Menschenrechte*› [25] scharten, ein Dokument, das Illusionen nährte, indem es an den unmittelbar bevorstehenden Anbruch einer Welt glauben ließ, in der die Menschenrechte garantiert und somit geachtet sein würden.

Die späteren Ereignisse haben diese Hoffnung in brutaler Weise Lügen gestraft. Ohne jede Ausnahme sind die in dem zitierten Dokument verkündeten Rechte auf die eine oder andere Weise durch die wiederholten Aggressionshandlungen der Großmächte zynisch gebrochen und mit Füßen getreten worden.

Im geschichtlichen Verlauf dieser Interventionen wird der fortschreitende Zerfall eines Modells zwischenstaatlicher Beziehungen exemplifiziert, in das viele eine Hoffnung gesetzt hatten und das ein für allemal jene Politik vereiteln sollte, die in Auschwitz ihre gleichsam reinste Verkörperung und logischen Schlußstein gefunden hatte.

Unter all diesen Interventionen nimmt die Intervention in Vietnam eine Vorrangstellung ein. Damit ist nicht gesagt, daß sie allein die Quelle des heute überall anzutreffenden Nihilismus in Politik, Kultur und Planung sei. Ursache dafür sind auch *alle* Anschläge auf die freie Selbstbestimmung der Völker, seien sie mit schwerer Hand durch Panzer und Napalm oder mit leichter Hand in Form eines Staatsstreichs ausgeübt.

Indessen bildet die militärische Intervention in Vietnam dank der Scheinheiligkeit, mit der man ihre Ziele zu vertuschen gesucht hat – und gleichzeitig dank der Schamlosigkeit, mit der diese verwirklicht wurden –, einen der Faktoren, die am meisten dazu beigetragen haben, die Haltung des globalen Nihilismus – seit Jahren durch die anderen Ereignisse vorbereitet – bis auf einen Siedepunkt zu steigern.

Vietnam ist für den Kalten Krieg der vergangenen zwei Jahrzehnte das, was Auschwitz für den letzten ‹heißen Krieg› war: ein Symbol, das auf lange Zeit hin das moralische Bewußtsein des Menschen traumatisieren sollte. Durch Vietnam gewinnt Auschwitz erneut Aktualität: ein neues Symbol erweckt ein altes Symbol wieder zum Leben, ein neues Trauma ein verschüttetes Trauma. Die neuen Konten rufen die Erinnerung an unbeglichene alte Konten wach.

Wer sich sträubt, das Symbol von Vietnam mit dem von Auschwitz ineinszusetzen, hat nur bedingt Recht. Die Distanz zwischen Vietnam und Auschwitz markiert nur einen zeitlichen Unterschied zwischen zwei Etappen desselben Prozesses. In der Welt der Geschichte folgt Vietnam auf Auschwitz, in der Welt der Sittlichkeit hingegen geht es ihm voraus. Vietnam trägt in sich die Brut von Auschwitz. Vietnam führt nach Auschwitz.

Betrachten wir ein Beispiel: der amerikanische Filmschauspieler Bob Hope hat die Angriffe mit Napalmbomben auf vietnamesische Dörfer als das schönste je verwirklichte «*slum-clearing-project*» [26] bezeichnet. Dieser trübe schwarze Humor des Hollywoodkomödianten verdient nicht weiter Beachtung; wesentlich mehr dagegen die Tatsache, daß ein Publikum offenbar bereit ist, diese Art von Humor geistreich zu finden. Denn Bob Hope, für den Komik ein Beruf ist, würde niemals wagen, eine Bemerkung als komisch darzubieten, wäre er nicht felsenfest überzeugt, daß sein Publikum daran etwas Witziges finden würde. Niemals also würde er über ein Thema sich lustig machen, wenn er nicht über die Gewißheit verfügte, daß sein Publikum es bereits als lustig empfindet.

Angesichts des Schauspiels der Grausamkeit [27] bieten sich folgende Alternativen: Verurteilung, Beifall oder Gleichgültigkeit. Die Geschichte der Grausamkeit (oder der Grausamkeit in der Geschichte) lehrt folgendes: wenn objektive oder subjektive Gründe die Verurteilung verhinderten, spendete man früher oder später Beifall, nachdem durchweg eine Phase der Gleichgültigkeit durchlaufen war. Nichtsdestotrotz ließ sich der Übergang von Gleichgültigkeit zum Beifall niemals leicht bewerkstelligen. Dazu bedurfte es einer besonderen Hilfe, und zwar des Witzes, der das Opfer als Gegenstand der Grausamkeit lächerlich macht.

«Lachen ist Denken» konstatierte Bataille [28]. In groben Zügen mag daran etwas Wahres sein, wenn wir über uns selbst lachen oder über die Gesellschaft, in der wir leben. Doch Lachen kann auch etwas anderes bedeuten: Verbannung des Denkens, vor allem des Denkens an unsere Verantwortung. Wer über das Opfer lacht und andere zum Lachen über es reizt, bedient sich des einzigen Verfahrens, das unsere Selbstverachtung in Verachtung des Opfers verwandeln kann. [29]

Schritt für Schritt ist man bis nach Auschwitz gekommen: der Witz über die jüdischen Selbstmörder schuf das Klima für den Witz über den Judenmord. Als im August 1933 der Jude Rosenfelder Selbstmord beging, um die Aufmerksamkeit seiner christlichen Freunde auf die wachsende antisemitische Kampagne zu lenken, veröffentlichte eine Zeitung folgenden Kommentar: «Fritz Rosenfelder ist vernünftig und hängt sich auf. Wir sind darüber erfreut, und betrachten es als durchaus nicht unpassend, wenn seine Brüder sich auf dieselbe Art von uns verabschieden würden.» [30]

Belegt wird hier noch einmal, was wir bereits angedeutet haben: die bürgerliche Kälte tritt zu Beginn im Gewand lachender Zurückhaltung auf. Mancher glaubt heute, das wirksamste Gegengift gegen die lachende Zurückhaltung sei die lachende Revolte [31]; denn die bürgerliche Kälte, überrascht von diesem unerwarteten Verhalten, würde voreilig und deshalb ziellos reagieren und damit ihre wahre Natur enthüllen. Doch oft verpufft die Wirkung dieses Gegenmittels schnell, wenn es überhaupt als ein solches wirkt. Schlimmer noch: es kann fatale Folgen nach sich ziehen; denn wer eine maskierte Mentalität zwingt, ihr wahres Gesicht früher als vorgesehen zu zeigen, kann bestimmte Gruppen ermutigen, gleichfalls früher als vorgesehen ihr Einverständnis mit repressiven Maßnahmen der autoritären Macht offen zu bekunden und auf diese Weise zur Intensivierung ebenderselben repressiven Akte und zur Konsolidierung ebendieser autoritären Macht Beihilfe leisten.

Von dieser und ähnlichen Feststellungen zehrt heute der erbitterte, turbulente politische Nihilismus. Wenn alle vorstellbaren Wege versperrt erscheinen, bleibt als letzte Karte die ziellose Gewalt.

Übrigens ist die Gewalt dieser Art als Gewalt, die an keinen Plan gebunden ist, die weder ihr Ziel noch die Wege dahin im voraus festsetzt, immer dem Zufall ausgeliefert. Es ist in der Tat unwahrscheinlich – äußerst unwahrscheinlich –, daß eine derartige Aktion von sich aus irgendeinen Machtrutsch in einer der Herrschaftsstrukturen hervorrufen kann.

Die Haltung des Akteurs der ziellosen Gewalt ähnelt in beträchtlichem Maße der Haltung des verbissenen Roulettespielers. Beide teilen einen gemeinsamen Aberglauben: das Vertrauen in die Launen des Glücks. Beiden ist der Kalkül verpönt. «Zuweilen übrigens», so gesteht der Spieler Dostojevskijs, «kam mir so etwas wie eine Erinnerung an Systeme und Berechnungen, und ich dachte, daß ich doch auch berechnen müsse: dann hielt ich mich an gewisse Zahlen und erwog die Chancen, doch bald war wieder alles vergessen, und ich setzte halb bewußtlos weiter.» [32]

Dieser Aberglaube und diese Verachtung lassen sich wenn auch nicht immer rechtfertigen, so doch immer erklären. Zum gegenwärtigen Nach-Auschwitz ist man auch über eine enttäuschende Erfahrung gelangt, und zwar den Versuch, den Kalkül als Mittel der befreienden Gewalt einzusetzen. Demgegenüber hat sich gezeigt, daß der Kalkül sich eher für die Ziele der repressiven Gewalt als die der befreienden Gewalt hergibt. Denn es läßt sich nur schwer eine eindeutige Unterscheidung treffen zwischen der Inanspruchnahme des Kalküls für die Gewalt und der Inanspruchnahme der Gewalt für den Kalkül. [33] Unter dieser zwielichtigen Lage haben besonders Planung und Entwurf gelitten als Handlungen, die oftmals den Einsatz des Kalküls voraussetzen.

4

Verweilen wir einen Augenblick bei der Planungs- und Entwurfstätigkeit derer, die Boguslaw die «Neo-Utopisten» nennt (um sie von den ‹alten Utopisten› abzuheben). Wir haben bereits von ihnen gesprochen, und wir werden später noch einmal auf sie zurückkommen.

Zwischen Neo- und alten Utopisten besteht ein erheblicher Unterschied. Letztere haben Modelle entworfen, die abstrakte Gebilde mit prognostischer Funktion sind und die die Zukunft des konkreten Lebens konkreter Menschen auszumalen suchen. Die Modelle der neuen Utopisten dagegen, obgleich es sich auch bei ihnen um abstrakte Gebilde mit prognostischer Funktion handelt, wollen auf die Zukunft des abstrakten Lebens abstrakter Menschen – also Nicht-Menschen – einwirken. «Die Neo-Utopisten», schreibt Boguslaw, «beschäftigen sich mit Nicht-Menschen und Ersatz-Menschen. Sie planen mit Hilfe von Computern, systemtechnischen Verfahren, Funktionsanalysen, Heuristiken ... Sie neigen dazu, sich um den Menschen ausschließlich im Rahmen seiner Arbeit zu kümmern, ohne Vorschläge zu unterbreiten für Sexualpraxis, Kindererziehung oder die Führung eines besseren Lebens» [34]. Den Spuren von Saint-Simon und Comte folgend, behaupten sie, daß «die Verwaltung von Sachen an die Stelle der Verwaltung von Personen treten müsse» [35].

Heute aber werden die Menschen in Sachen verwandelt, um sie besser verwalten zu können. Anstatt direkt mit dem Menschen umzugehen, wird mit bestimmten Schemata, Ziffern oder graphischen Darstellungen operiert, die seine Stelle einnehmen.

In solchem Zusammenhang gewinnen die Modelle größere Bedeutung als die Gegenstände oder Personen selbst, deren Abbild sie nur sind. [36] Der Fetischismus, dem sie vor allem in den Bereichen der Ökonomie, Politik und Militärstrategie zum Opfer fallen, kennzeichnete jahrelang die typische Haltung der Spätaufklärung der modernen Technokraten.

Ihnen zufolge läßt sich der Informations- und Entscheidungsprozeß nur dann optimalisieren, wenn man jegliche Subjektivität beim Aufbau und bei der Handhabung der zum Zweck der Optimalisierung verwendeten Modelle von vornherein austilgt. [37] Noch einmal tritt hier der alte Mythos mißbräuchlich neopositivistischer Provenienz in Erscheinung, der eine totale strukturelle Identität zwischen physischer Welt und sozialer Welt unterstellt und somit meint, wie sich in der physischen Welt nur über Tatsachen unter Ausklammerung von Werten handeln lasse, so könne man den gesellschaftlichen Phänomenen gegenüber auf gleiche Weise verfahren.

Hier wird also versucht, eine ideologiefreie Gesellschaft zu entwerfen, ohne Kluft zwischen Subjekt und Objekt und ohne Entfremdung – eine Welt, deren Notwendigkeit einige Geschichtsphilosophen zwar verkündet, ohne aber jemals ihre faktische Möglichkeit bewiesen zu haben.

Den Ansatz dieser Philosophen für den Augenblick beiseite lassend, erweist sich jedenfalls die ideologiefreie Gesellschaft der modernen Technokraten schlechtweg als pure Fiktion. Aus diesem Grund belegt Boguslaw – selbst ein Systemtechniker – seine Kollegen mit dem ironisierenden Namen «Neo-Utopisten». Im Bestreben, der Ideologie zu entgehen, enden viele Systemtechniker damit, die Wirklichkeit zu vergewaltigen, um sie einem gedanklichen Schema anzupassen, dem sie von vornherein ein jenseits der Ideologien liegendes Wesen andichten – ein Verfahren, das in der Tat jenem Verfahren der Vertreter eines höchst traditionellen, ideologisch getrübten Ansatzes gleicht. Das falsche Bewußtsein ist zumeist ein Denkgebilde bar jeglichen realen Gehalts, das hingegen weiterhin vorspiegelt, eben diesen zu besitzen.

Geistiger Vater der Sekte der Neo-Utopisten ist McNamara. [38] Während der sieben Jahre seiner Amtszeit als Verteidigungsminister der USA verkörperte er gleichsam den Archetyp der neuen amerikanischen und internationalen Technokratie.

Die Analyse des Falles McNamara besitzt daher große Bedeutung, zumal es sich um nichts Geringeres als den Fall eines Neo-Utopisten handelt, der sich unter die Verantwortung konkreter Machtausübung begeben hat. [39] Bei seiner Geschichte spielt außerdem die Geschichte eines Mißverständnisses mit hinein, das man, ohne pathetisch sein zu wollen, tragisch nennen darf: während sieben Jahren hat McNamara wahrscheinlich guten Glaubens angenommen, daß die persönliche Herrschaft über die Macht der Fakten das gleiche sei wie die persönliche Herrschaft über die Fakten der Macht.

Sein jüngst erschienenes Buch [40] vermittelt einen guten Einblick in die subjektiven und objektiven Gründe, die dieses Mißverständnis ermöglicht und bedingt haben. Zugleich gewinnt man einen ebenso klaren Einblick in die Wege, die zum Scheitern der Ideologie der Anti-Ideologie geführt haben.

Vom aufsehenerregenden Aufstieg McNamaras unter der Regierung J. F. Kennedys bis zum nahezu würdigen Abstieg unter der Regierung L. B. Johnsons entfaltet sich Schritt für Schritt ein Prozeß, der nach sieben Jahren den Anspruch des technokratischen Rationalismus der Absurdität zeiht. Die ersten Auftritte McNamaras in der Öffentlichkeit mit seinen hämmernden polemischen Exkursen zugunsten der Rationalität gegen die Emotionalität – «reason, not emotion» [41] – haben zu der Annahme veranlaßt, daß eine neue Ära in der Verwaltung der Sachen anhöbe. Zum erstenmal würde – so verlautete nun – der unermeßliche, bei der wissenschaftlichen Betriebsführung von Privatunternehmen gesammelte Erfahrungsschatz in wesentlich größerem Maßstab angewendet werden können, das heißt bei der Suche nach rationalen Lösungen für die Kernfragen internationaler Politik. [42]

Bekanntlich ging die technokratische Intelligenz nicht als Sieger aus dieser Prüfung hervor. Nach dem Fall McNamara dürften viele Träume zerstoben sein, einbegriffen die McNamaras, der sich wohl niemals als Träumer bezeichnet hätte. Sicherlich war seine Niederlage ein harter Schlag für das Gefühl absoluter Unfehlbarkeit, in dem die internationale technokratische Sekte bis dahin geschwelgt hatte, angefangen von den *back-room-boys* in Washington bis zu den *chozjajstvenniki* in Moskau, nicht zu vergessen die *anciens élèves* der ENA (École Nationale d'Administration) in Paris. Es war auch ein harter Schlag für alle, die selbst nach den abscheulichen Resultaten der nazistischen Prototechnokratie weiterhin die vage Hoffnung nährten, eine menschliche Gesellschaft allein mit Hilfe technisch-wissenschaftlicher Intelligenz errichten zu können.

An und für sich ist diese Hoffnung nicht unbegründet, doch wird sie es dadurch, daß die technisch-wissenschaftliche Intelligenz sich gezwungen sieht, verwickelt in ein Knäuel willkürlicher Voraussetzungen zu handeln. Mit anderen Worten: die Anfälligkeit des *basic system* von McNamara rührt nicht so sehr vom Typ der von ihm gepflegten Methodologie her, als vielmehr von der Brüchigkeit der Voraussetzungen, auf denen sie fußt. Indem er beispielsweise axiomatisch dekretiert, daß in der heutigen Welt sich auf der einen Seite alles Gute und auf der anderen Seite alles Böse befindet, schwächt er die Stellung seines Systems ganz erheblich. [43] Ein derartiges System leidet bereits von vornherein an Unstimmigkeiten, und nichts kann es retten: weder die erschöpfende und feinsiebige quantitative Datenerhebung noch der Einsatz einer Batterie höchst raffinierter Techniken der Systemanalyse und des Problemlösens. Diese Methoden versagen vor der allgemeinen Pathologie des Systems, das sie zu verbessern suchen.

Gerade in Bereichen, in denen der Mensch einen wesentlichen und unabdingbaren Teil bildet, können die methodologischen Verfahren niemals völlig neutral sein. Bei McNamara verschärft sich noch die Problematik: als Methodologie, die zur Verwaltung von Sachen dient – oder besser, ohne Euphemismus von Saint-Simon, zur Verwaltung von Menschen –, ist seine Methodologie unweigerlich tendenziös; doch als Teil einer manichäischen Geschichtsphilosophie ist sie darüber hinaus noch kriegslüstern, also auf die Tötung oder Vernichtung von Menschen gerichtet, die nach seinem Urteil das Böse verkörpern. Nicht von ungefähr mündet das *basic system* in den Vietnam-Krieg, den ‹McNamara-Krieg›, wie er mehr oder minder zutreffend betitelt wurde.

Wie bereits erwähnt hat das Instrumentarium der Technokratie bei der ersten direkten Konfrontation mit der Wirklichkeit der Macht eine bemerkenswerte operative Unzulänglichkeit und theoretische Schwäche zur Schau gestellt. Theoretiker und Planer dieser Systeme beginnen, sich angesichts einer solchen Tatsache wahrlich zu sorgen. Viele haben bereits die Notwendigkeit betont, die nicht als solche erklärten oder verborgenen Voraussetzungen zu überprüfen, die heute die Gültigkeit ihres Ansatzes unterminieren. Zielscheibe ihrer Selbstkritik ist die vorgebliche Ideologiefreiheit der von ihnen selbst erstellten Modelle.

Diese neue Haltung wird nicht nur durch den Fall McNamara gefördert, sondern auch durch den Druck, der in jüngster Zeit auf die Befürworter dieser Methoden durch die Gegenbewegungen jeglicher Art ausgeübt wird, das heißt der Studenten, Arbeiter und Intellektuellen im allgemeinen. Wie der Wirtschaftstheoretiker J. K. Galbraith [44] hervorgehoben hat, neigen die Statthalter der technischen Macht, das heißt die technische Intelligenz dazu, sich immer mehr von den Machtstrukturen der Geschäftswelt und Politik abzusondern. Oftmals legen sie eine erstaunliche Empfänglichkeit für die kulturellen und sozialen Gegenbewegungen an den Tag. «Die Techniker in den Fabriken üben keine politische Funktion auf das Arsenal ihrer Maschinen aus», stellt Gramsci mit scharfem Blick fest, «zumindest ist diese Phase bereits überwunden. Vielleicht wird das genaue Gegenteil eintreten, indem das Maschinenarsenal einen politischen Einfluß auf die Techniker ausübt» [45]. Und dieser Vorgang beginnt heutzutage allerorten, sei es in kapitalistischen, sei es in sozialistischen Ländern, Konturen anzunehmen.

In der Zeitschrift *Atomzeitalter* findet sich der erste Versuch eines Frontwechsels unter den Theoretikern der Sozialkybernetik. Es handelt sich um den ersten Versuch – nach Boguslaw –, das Vorfeld der eigenen Methodologie zu entmystifizieren und soziologisches Denken wieder einzuschleusen. In dem Artikel ‹*Sozialkybernetik und Herrschaft*›, veröffentlicht in der erwähnten Zeitschrift [46], greift Senghaas die neuen Themen mit der gewohnten Terminologie dieser Schule auf: «Dieser Zusammenhang macht den verbreiteten Trugschluß deutlich, Selbstregulierung beziehungsweise Selbststeuerung einerseits und Manipulation andererseits seien identisch. Natürlich ist Manipulation eine Art von Steuerung. Aber sie führt in der Tendenz zur Verdummung; sie gängelt, wo Selbstregulierung Autonomie voraussetzt; sie investiert Beträge in die Erziehung falschen Bewußtseins in Individuen, Gruppen und Organisationen, wo kybernetische Steuerung Selbstbewußtsein erfordert; sie indoktriniert, ohne eigenständige Lernfähigkeit zu erzeugen. Sie fördert Repression, während selbstregulative Systeme Emanzipation fordern» (S. 395). «Eine Politik, die Menschen verdummt, verdummt selbst» (S. 398).

Soweit haben wir das ehemalige Verhalten der Neo-Utopisten und vielleicht ansatzweise deren zukünftiges Verhalten skizziert. Zunächst galt es den Versuch, an Hand des Beispiels McNamara ihre Schwierigkeiten bei der Überwindung des Widerspruchs zwischen Programm und Wirklichkeit aufzuzeigen; danach die Anstrengungen, die jüngst von einigen Theoretikern dieser Disziplin unternommen wurden, um zwischen den von ihnen geplanten Systemen und deren gesellschaftlichen Implikationen zu vermitteln. Die Neo-Utopisten streben nun danach, sich aus dem Circulus vitiosus der Methodolatrie zu befreien und sich, ohne indessen ihre Methoden zu verraten, dem Thema der Revolution anzunähern – ein Thema, das sie bis jetzt manchmal Emanzipation, manchmal gesellschaftliche Innovation zu nennen belieben.

5

Wir halten es für angebracht, die Haltung derjenigen noch einmal zu überprüfen, die wir mit dem Ausdruck ‹alte Utopisten›, oder besser ‹zeitgenössische alte Utopisten›, apostrophiert haben. Unter ‹zeitgenössischen alten Utopisten› wären hauptsächlich diejenigen Planer und Entwerfer zu verstehen, insbesondere Architekten und Städtebauer, welche heute Modelle für Idealstädte der Zukunft ersinnen, von ihnen «Megastrukturen» [47] genannt. Sie werden zu Recht unter die alten Utopisten gereiht, insofern sie sich in den Bahnen der traditionellen Utopie bewegen: auf der einen Seite lehnen sie es ab, sich auf irgendeine Aktion einzulassen, die einen Entwurfskompromiß impliziert in dem Sinne, daß den Anforderungen und Einschränkungen der gegenwärtigen Umwelt Genüge geleistet wird. Auf der anderen Seite weigern sie sich auch, irgendeinen Entscheidungsverlauf sich auszudenken, der diese Megastrukturen in Zukunft in die Nähe der Realisierbarkeit rückt. Sie entziehen sich der Aufgabe, die Umweltbedingungen zu reflektieren, denen sich diese Strukturen eventuell eingliedern müßten.

Wenn auch, wie schon gesagt, die Innovation und Ausstrahlung dieser Planer und Entwerfer außer Frage stehen, so scheuen sie offenbar vor dem Schritt zurück, die eigentlichen Widersprüche derer zu überwinden, die an die mäeutische Kraft des bloßen Bildes und des bloßen prophetischen Wortes glauben. Bestes Beispiel dafür liefert R. Buckminster Fuller, den viele der ‹Megastrukturalisten› mit Recht als ihren Vorläufer und großen Anreger betrachten. In seiner üppigen und nicht immer kohärenten kosmogonischen Zukunftsvision, die allerdings wesentlich reicher ist als die blasse ‹zoom-Literatur› seiner Jünger, hat die Beziehung zwischen Entwurf und Revolution einen Sonderplatz inne.

Buckminster Fuller hat oft von der Notwendigkeit und Möglichkeit einer «Revolution durch Planung» («*revolution through design*») gesprochen, das heißt einer Revolution, die der Planung als Ziel auferlegt ist. Diese Revolution würde eine radikale, mit Hilfe der Planung bewirkte Änderung der technischen Strukturen anpeilen, mittels derer die natürlichen Ressourcen ausgebeutet, gebraucht und verteilt werden, sowie aller anderen Verfahren, mit Hilfe derer sich der Mensch in der Umwelt einrichtet und die mehr oder weniger stark von diesen Ressourcen abhängen.

Buckminster Fuller zufolge sei auf dem Planeten Erde alles für alle vorhanden: die gegenwärtigen Reibungen – die heißen oder kalten Kriege, die Revolten in den unterentwickelten Ländern – seien weniger auf den Mangel an Ressourcen als auf das Fehlen der Planung zurückzuführen. «Wenn es dem Menschen», sagte er in seinem Vortrag am San José State College, «gelingt, immer mehr mit immer weniger zu machen, so daß er sich um den Mitmenschen wesentlich intensiver zu kümmern vermag, wird es keine ernsthaften Kriegsgründe mehr geben. In den kommenden Jahren wird, vorausgesetzt, daß der Mensch darin Erfolg hat, der Hauptgrund des Krieges entfallen. Die Wissenschaftler versichern uns wieder und wieder, daß derlei Wirklichkeit werden kann. Es kann genügend Energie und organisierte Kräfte geben, so daß die gesamte Menschheit über die ganze Erde verfügen kann» [48]. Bei anderer Gelegenheit schlug er vor, die Erzeugung von «Kriegswerkzeugen» durch die Erzeugung von «Lebenswerkzeugen» abzulösen. [49]

In Zukunft müßte die Planung die Verantwortung dafür übernehmen, in Wirkliches zu verwandeln, was heute kaum virtuell besteht. Auf diese Weise würde sich die Planung an die Spitze der Revolution setzen; sie selbst wäre Revolution.

Damit nun stellt sich die Frage, welcher Hilfsmittel es bedarf, um die Planung in Revolution zu überführen; welche vorhandenen oder zukünftigen Machtstrukturen den Planer und Entwerfer mit der Verantwortung zu betrauen hätten, radikal alle technischen Strukturen der menschlichen Umwelt in einer den ganzen Planeten umspannenden Aktion umzuwälzen.

Bis jetzt hat Buckminster Fuller auf diese Fragen keine bündige Antwort erteilt. Jedesmal wenn er auf den realen Kontext der so verstandenen Revolution eingehen mußte, stellte sein Denken durchweg eine gewisse Zweideutigkeit zur Schau, wenn auch nicht in dem Maße, daß seine Grundüberzeugung nicht durchschimmerte. [50]

Für Buckminster Fuller würde die Planung Probleme lösen, die jahrhundertelang in der Politik keine Lösung gefunden haben. Die Planung wäre dazu berufen, die Politik zu ersetzen, sie abzulösen und aus der Geschichte zu befördern: «Politik wird obsolet» [51]. Man darf sich nicht daran stoßen, daß der Autor die «Revolution durch Planung» ausschließlich als einen Akt der technischen Phantasie begreift – eine typische Haltung des technokratischen Utopismus.

Zu akzeptieren wäre als Prinzip der Gedanke, daß die Lebensbedingungen des Menschen mit Hilfe einer Planungs- und Entwurfstätigkeit verändert werden können, allerdings nicht im Rahmen der eben skizzierten. Die «Revolution durch Planung» müßte ebenso das Ergebnis technischer wie soziologischer Phantasie [52] sein, um den Ausdruck von Mills zu benutzen: technische Kühnheit müßte sich mit gesellschaftlich-politischer Kühnheit paaren.

Eine «Revolution durch Planung» hat nur dann einen Sinn, wenn sie sich auf eine «Planung durch Revolution» stützt. Beide – die zweite vielleicht mehr als die erste – setzen die Bejahung einer operativen politischen Praxis voraus, das heißt ein Nein zum politischen Nihilismus. Aber beide – und diesmal die erste vielleicht mehr als die zweite – setzen eine operative Planungs- und Entwurfspraxis voraus, das heißt ein Nein zum Entwurfsnihilismus.

6

Der revolutionäre Sinn der Protestbewegung läßt sich im Grunde nur mittels des Planens und Entwerfens dingfest machen. Eine Negation des Bestehenden, die sich der Hoffnung des Planens und Entwerfens begibt, ist nichts anderes als eine subtilere Form der Affirmation des Bestehenden. Oder – um es etwas vorsichtiger zu umschreiben – eine Negation, ein projektloses Nein, ein Nein mit leeren Händen, birgt keine sonderlichen Gefahren für die herrschenden Mächte, die den Status quo verkörpern.

Die Entwurfsfeindschaft bildet einen intellektuellen Luxus der Konsumgesellschaft, ein Vorrecht der im Wohlstand lebenden Völker, einen rhetorischen Abhub der mit Gütern und Dienstleistungen übersättigten Gesellschaften. Die sich aus Not und Armut erhebenden Völker können sich eine derartige Einstellung nicht erlauben. Für sie schießen der Wille zum Überleben und der Wille zum Entwurf untrennbar zusammen. Denn für sie bedeutet Entwerfen wesentlich, sich mit den elementaren Gerätschaften für die Überwindung der drückenden Armut zu versehen; bedeutet also die Konzeption von Strukturen, die ihnen einerseits ermöglichen, das Maximum aus den mageren, ihnen zur Verfügung stehenden Ressourcen herauszuholen, und andererseits die Faktoren auf ein Minimum herunterzudrücken, die zur Vergeudung dieser Ressourcen beitragen könnten.

Im Vorangehenden hatten wir festgestellt, daß in der Konsumgesellschaft die Verbannung der Planung und des Entwerfens eher als ein Verhalten des Einverständnisses denn als ein Verhalten der Verweigerung erscheinen kann. Doch bei eingehender Überprüfung trifft das nur bedingt zu.

Ein durchaus zweischneidiges Verhalten wählt, wer unnachgiebig jede Form der Planung und des Entwurfs verbannt. Auf der einen Seite handelt es sich zwar um ein klar nichtaffirmatives Verhalten, als welches es jene Variante des Entwerfens abweist, die in der gegenwärtigen Gesellschaft so gehätschelt wird, als ob sie die einzig realistische und sinnvolle Praxis wäre; das heißt: Entwerfen als eine Tätigkeit mit dem Zweck, künstlich die Zahl der Gegenstände zu vervielfältigen und somit ihre komplexe Welt ebenfalls aufzublähen. Auf der anderen Seite dagegen läßt sich da ein Verhalten des Einverständnisses mit der heutigen Gesellschaft herauslesen; denn im Grunde fällt es zusammen mit einer heute in ihr vorherrschenden Haltung in Form des Verzichts, des Ausscherens und sogar Lahmlegens, wenn es mit einer zur vorher erwähnten konträren Variante des Entwerfens konfrontiert wird: das heißt einem Entwerfen, das den Horizont eines sinnvollen, gesellschaftlich verantwortlichen Handelns, bezogen auf die menschliche Umwelt und deren Schicksal, zu öffnen sucht.

Die polemische Verpönung jeglicher Form des Planens und Entwerfens trägt die beiden Momente des Dissensus und Konsensus in sich. Einen Augenblick bei der zweiten Komponente verweilend, wäre das Geheimnis dieser unerwarteten Konvergenz zwischen den Wächtern der bestehenden Ordnung und denen, die diese Ordnung sprengen wollen, zu lüften.

Dieses Phänomen kann auf verschiedene Weise gedeutet werden, selbst wenn bei einer ersten Prüfung sich jene Deutungen als besonders unbefriedigend erweisen, die ein «Geheimabkommen» insinuieren, also ein grundsätzliches Einverständnis zwischen den Radikalen der Bewahrung des Status quo und den Radikalen des Aufstands unterstellen.

Wir bevorzugen eine andere Interpretation. Selbst wenn sie nicht differenzierter und treffender wäre als die anderen Deutungen, so begünstigt sie doch zumindest die Eröffnung eines Gedankenganges, in dem reichere Schlußfolgerungen mannigfacher Art angelegt sind. Versuchsweise könnte man zum Beispiel die sicherlich unbeweisbare Annahme wagen, daß es sich bei der erwähnten Koinzidenz nicht um einen bloßen Zufall handle, sondern um einen taktischen (oder besser strategischen) Zug jener, die eine radikale Änderung der Gesellschaft anvisieren.

Dieser Annahme zufolge hätten die Dissidenten schon längst erkannt, daß die Gesellschaft sich weiterhin wie bisher entwickeln werde, also voll chaotischer Spontaneität, in entfesseltem Lauf, planlos, ohne die geringsten Vorsichtsmaßregeln, ohne organischen Eingriff der Umweltplanung. Somit werde die Gesellschaft in kurzer Zeit — vielleicht schneller als selbst die größten Skeptiker vermuten — in eine Katastrophe mit tiefgreifenden Konsequenzen einmünden.

In unserer Umgebung lassen sich überall bereits ‹Zeitbomben› lokalisieren, von denen die Lebensbedingungen des Menschen in Zukunft bedroht werden. Nicht meinen wir damit das unermeßliche Zerstörungspotential der Nuklearwaffen und der für ihren Einsatz bereitstehenden Raketensysteme. Vielmehr beziehen wir uns auf jenes nicht minder gewaltige Zerstörungspotential, das in der unkontrollierten Entwicklung von ‹Populationen aller Art› aufbereitet wird.

Unter ‹Populationen› werden hier alle Mengen homologer Entitäten verstanden, die eine identifizierbare, abzählbare Klasse bilden können; nicht also nur Personenmengen, sondern auch Mengen von Gegenständen, Ressourcen, Infrastrukturen, Einrichtungen, Prozessen, Nachrichten, Kenntnissen usw. [53]

Die Wachstumsrate jeder einzelnen dieser Populationen signalisiert bereits ‹hier und jetzt› den Zustand explosiver Verdichtung, der auf längere Sicht hin betrachtet die menschliche Umwelt arg in Mitleidenschaft ziehen wird. Eine derartige Behauptung kann feindliches Mißtrauen heraufbeschwören; denn auf den ersten Blick scheint es sich um eine jener vielen Gratisprophezeiungen der Anhänger einfacher Schwarzseherei zu handeln, eine der vielen Voraussagen der zartbesaiteten Visionäre des Untergangs. Doch wäre diesmal zuzugeben, daß die Möglichkeit einer ‹explosiven Verstopfung› mit dem Schwarm ihrer schädlichen Auswirkungen nicht einfach einer Rhetorik des Alarm-Schlagens anzuhängen ist. Es geht vielmehr um eine reale, gegenwärtige und allerorten sichtbare Bedrohung.

7

Die Tatbestände sind zwar bereits in die öffentliche Diskussion durchgesickert; doch die allgemeine Tendenz, den Ernst der Lage zu unterschätzen, zwingt dazu, sich noch einmal diesem Thema zuzuwenden, vor allem in Anbetracht der weitverbreiteten, an Selbstbetrug und Heuchelei grenzenden Meinung, daß sich alle Probleme ausschließlich mit Hilfe einer Politik der ‹Geburtenbeschränkung› lösen lassen.

Die sechs Milliarden Menschen, die nach Schätzungen im Jahre 2000 die Erde bevölkern werden, bilden nicht ein Problem für sich, wie einige Spätmalthusianer glauben machen wollen. Das explosive Anwachsen der Menschengattung nimmt den Aspekt einer Katastrophe an in dem Maße, und nur in dem Maße, wie wir uns neben ihr die vielen anderen sich noch schneller ausbreitenden Populationen vergegenwärtigen. Das Festland der Erde erstreckt sich auf insgesamt 149 Millionen Quadratkilometer. Von dieser Fläche sind im Augenblick nur 63 Millionen Quadratkilometer bewohnbar. In Wirklichkeit schrumpft aber diese Fläche zusammen, wenn man berücksichtigt, daß in einigen Ländern, besonders in Griechenland, Italien, Frankreich, Spanien, Ägypten, Israel, China, Mexiko und Peru, riesige altgeschichtliche Landstriche liegen, die weder zum Wohnen noch zur Erzeugung von Nahrungsmitteln genutzt werden können. Dennoch könnte die optimistisch auf 63 Millionen Quadratkilometer geschätzte Fläche, selbst unter Abzug der altgeschichtlichen Landstriche, die für das Jahr 2000 ermittelte Bevölkerung beherbergen, ja sogar die für das Jahr 3000, wenn man vor allem an das Meer als unermeßliches Nahrungsmittelpotential (und vielleicht auch Besiedlungspotential) denkt.

In diesem Zusammenhang mag es zweckmäßig sein, das schon zu einem Albtraum gewordene Problem ‹Mensch und Auto› zu erläutern. Dieses Problem zieht natürliche Folgeerscheinungen aller Art nach sich — wirtschaftliche, soziologische und sogar psychiatrische; doch wird oft übersehen, daß es sich dabei zunächst und vor allem um einen Konflikt zwischen zwei ‹demographischen› Welten handelt, deren Interessen innerhalb ein und derselben physischen Umwelt aufeinanderprallen.

Dazu ein Beispiel aus den USA: wenn man die Automobilproduktion mit der Geburtenzahl pro Sekunde koppelt und jedem menschlichen Lebewesen einen Lebensraum sowie jedem Auto einen Parkplatz zuerteilt, dann ergibt sich, daß beide zusammen pro Minute 80 Quadratmeter ‹verschlingen›. [54] Diese Berechnung ist aber noch unvollständig. Da mehr Automobile als Menschen jede Sekunde das Licht der Welt erblicken, versteht sich von selbst, daß die Zunahme der beanspruchten Fläche in erster Linie von der Zunahme der Autos abhängt und erst in zweiter Linie von der Bevölkerungszunahme. Doch das ist noch nicht alles. Bei der Berechnung wurden nur Menschen und Autos berücksichtigt. Ausgeklammert blieben alle anderen Populationen, die aktiv an dem Bankett der ‹Festlandverzehrung› teilnehmen.

Natürlich eignen sich nicht alle Populationen die Bodenfläche auf dieselbe Weise an. Flugzeuge zum Beispiel beanspruchen nur eine begrenzte Fläche für eine ziemlich kurze Zeit. Doch diese besondere Form der Bodenbenutzung ruft oftmals immer schwieriger vorauszusehende und zu kontrollierende Formen von Verkehrsverstopfung hervor. Zu dieser kommt es nicht nur am Zielflughafen, sondern bei allen Flughäfen einer Region, die in der Regel mit einem ‹Überschuß› an Infrastrukturen und Service-Einrichtungen ausgestattet sein müssen, um die umgeleiteten Flugzeuge abfertigen zu können. Dieses Phänomen einer Verkehrsverstopfung mit Kettenreaktionen macht sich vor allem in den USA bemerkbar, und dort immer häufiger, was zu einem Anschwellen der Wartelisten, sei es auf dem Boden, sei es in der Luft, führt. Nach Informationen von O. Bakke, Direktor der Ostregion des Bundesluftfahrtamtes der USA, warteten 1966 «bis zu 90 Maschinen zur selben Zeit im Kennedy-Flughafen auf die Startfreigabe, während 30 weitere Maschinen in der Luft kreisten und auf Landeerlaubnis warteten» [55].

Wenn Autos und Flugzeuge auch zu den Gegenständen gehören, die in der Landschaft der technischen Zivilisation den größten Aufmerksamkeitswert genießen und sich zu Symbolen verdichten, so erzeugt die Industrie doch im gleichen Augenblick weitere riesige Gegenstandspopulationen, deren Präsenz vielleicht weniger Aufsehen erregt, die aber sicher auf einschneidende und wesentlich gleichförmigere Weise die spärliche Reserve an Freiflächen angreifen können. Ein Blick genügt, um ihrer gewahr zu werden: von elektrischen Haushaltsgeräten bis zu Werkzeugmaschinen, von Möbeln bis zu Baumaterialien, von Kleidung bis zu Verpackungen, von bedrucktem Papier bis zu Traktoren.

Hier hat man es mit einer besonderen, nicht zu unterschätzenden Population zu tun, die man sachlich und sarkastisch ‹Abfallpopulation› nennen könnte. Begriffen wird darunter die Summe all des Ausschusses, der Rückstände und Schlacke, die mit dem vollen oder partiellen Lebenszyklus aller anderen Populationen anfallen.

Wenn es stimmt, daß die heutige Gesellschaft – wie wir bereits gesehen haben – sich weigert, ihre zukünftige Umwelt zu planen und zu entwerfen, dann deshalb, weil sie bereits heute in ihre eigene Kapitulation einwilligt. Einverständnis bekunden mit dieser Verzichthaltung – wie es viele Vertreter der Gegenkultur heute tun würden – bedeutet letzthin, den Prozeß der Selbstzerstörung der Konsumgesellschaft beschleunigen.

Aus dieser Sicht haben wir gewagt, von einer taktischen – oder besser strategischen – List der Dissidenten zu sprechen. Genaugenommen würde es sich um eine Neuauflage der betagten Zusammenbruchstheorie des Kapitalismus [56] handeln; diesmal jedoch würde der Zusammenbruch (wenn auch unvollständig) durch die inneren Widersprüche der Umwelt und die Tatenlosigkeit im Bereich der Planung und des Entwurfs erklärt. Diese Tatenlosigkeit verhindert die Lösung solcher Widersprüche.

8

Der Strategie des Fatalismus des *unhappy end* halten die Vertreter des Status quo den Fatalismus des *happy end* entgegen. Während die einen, unserer Annahme beipflichtend, meinen, daß die Entwurfsverweigerung den Zusammenbruch der Gesellschaft fördere, befinden die anderen, daß sowohl das Nein als auch das Ja zum Entwurf schließlich wenig ausmache, da sich zu guter Letzt am Rande des Abgrunds, wenn schon alles unwiederbringlich verloren scheint, immer noch die erforderlichen Maßnahmen treffen lassen, um nicht nur das Schlimmste zu verhüten, sondern schlagartig neue Perspektiven auf das Beste hin freizulegen. [57]

Wohl oder übel – so versichern die Vertreter dieser Richtung – hätten die Menschen im Verlauf der Geschichte immer zunächst unüberwindbar anmutende Schwierigkeiten zu meistern gewußt. Zudem seien in diesem Jahrhundert viele apokalyptische Voraussagen durch die Ereignisse selbst widerlegt worden. Wenn auch die ökonomischen und gesellschaftlichen Widersprüche des Kapitalismus – beizeiten schon von Marx entlarvt – weiterhin bestehen, läßt sich doch nicht leugnen, daß sie sich zumindest bis heute, und besonders nach Keynes, als kontrollierbar erwiesen haben. Auch hat die Vergeudung der durchgehend im 19. Jahrhundert genutzten Energiereserven nicht zu der von Jevons prophezeiten Notlage geführt, sondern im Gegenteil – wahrlich im letzten Augenblick – zur Entdeckung von neuartigen Energiequellen.

Mögen sich auch die apokalyptischen Zukunftsvisionen nicht bewahrheitet haben, so berechtigt das nicht dazu, vorab und kurzerhand alle düsteren Voraussagen über die Zukunft des Menschen als müßig abzutun. Angesichts einiger neuer Tatbestände sollte man eine größere Behutsamkeit walten lassen.

In den letzten Jahrzehnten sind die drei Hauptbestandteile unseres biotischen Systems—Luft, Wasser und Boden—derartig rücksichtslos malträtiert worden, daß in einigen Gebieten unseres Planeten, besonders in den großen industriellen und städtischen Ballungszonen, das ökologische Gleichgewicht jetzt erheblich (und irreversibel, d. h. irreparabel) gestört worden ist. [58] Praktisch bedeutet dies, daß auf lange Sicht diese Umweltbereiche für den Menschen unbewohnbar werden.

Doch dieses schon für sich ernste Problem verschärft sich noch, wenn man sich vor Augen hält, daß sich solche kritische Zonen in einem steten Ausbreitungsprozeß befinden. Angesichts dieser Tatsache können selbst die Optimisten vom Dienst nicht umhin, die Zukunft mit Besorgnis zu betrachten.

Nichts ist mehr damit gewonnen, weiterhin positive Voraussagen mit negativen Voraussagen zu kontern. Noch weniger kann ein zweideutiger Immobilismus genügen, wie er implizit in der Theorie des *happy end* angelegt ist. Kein Triumph der Technik (und keine Triumphmeierei) — sei es mit der Weltraumfahrt oder mit anderen Errungenschaften — taugt als Alibi, die Evidenz dieser ‹neuen Tatsachen› zu bestreiten.

Hier erhebt sich die Frage: warum ist unsere Umwelt in eine derart bedrohliche Lage geraten? Welche Faktoren haben dazu beigetragen, die Substanz der Komponenten unseres biotischen Systems in so gefährlicher Weise anzunagen?

In groben Zügen haben wir diese Fragen bereits beantwortet. Bei näherem Hinsehen entlarvt sich dieses Phänomen als Folge der unkontrollierten Zunahme von Populationen aller Art — sowohl menschliche als auch andere —, die in einem allzeit empfindlichen, komplexen und weitverzweigten Geflecht widerstrebender Bedürfnisse gegeneinander agieren.

Nun wäre freilich zuzugeben, daß diese Erklärung wenn auch treffend, so doch zu allgemein ist. Zu präzisieren wäre, daß unter all diesen Populationen wenigstens zwei hervorragen, die nach unserer Meinung direkt für den jetzt angezeigten ökologischen Verfall verantwortlich sind. Zur Rede stehen zwei durch eine Kausalkette eng verknüpfte Populationen: die eine haben wir ‹Abfallpopulationen› getauft, die andere nennen wir die ‹Population der Faktoren der Verschmutzung und künstlichen Erosion›. Die Verbindung zwischen beiden drängt sich auf, und zugleich entzieht sie sich der Beachtung; sie ist ebenso grob- wie feingesponnen; ihre Logik besitzt denselben linearen Charakter des Prozesses, dessen Ausdruck sie ist.

Dieser Prozeß wird jedesmal ausgelöst, wenn man sich entscheidet, ein Industrieprodukt wegzuwerfen. Von diesem Augenblick an muß das Produkt, dessen Aussonderung man gebilligt hat, nicht nur vom Markt, sondern auch physisch verschwinden. [59] So wird das bis gestern noch erwünschte Produkt durch ein willkürliches Verdikt in ein unerwünschtes Produkt verwandelt: ein Individuum mehr in der riesigen ‹Abfallpopulation›. Doch dieses gebärdet sich durchaus nicht gefügig, sondern entpuppt sich als mit einem starken Überlebenswillen begabt: ein Gegenstand, der in der Regel hartnäckig jedem Gewaltakt widersteht, dem er ausgesetzt wird, um ihn zu beseitigen.

In der Welt der Gegenstände läßt sich nicht einfach ‹reiner Tisch machen›. Offenbar ist es weniger schwierig, einen Gegenstand zu produzieren als ihn auszumerzen: die raffiniertesten Techniken helfen nur bis zu einem bestimmten Punkt. Man kann versuchen, die Abmessungen des Gegenstandes zu reduzieren, ihn zusammenzupressen, auseinanderzunehmen, zu zerstückeln, wieder zu gebrauchen oder teilweise als Rohmaterial wiederzugewinnen. All diesen Versuchen zum Trotz bleiben mehr oder minder störende Reste übrig. Und wenn man nach vielen komplizierten Operationen, Eingriffen und Prozeduren schließlich damit fertig geworden zu sein glaubt, dann gewahrt man, daß der Gegenstand nur scheinbar seiner Stofflichkeit entsagt hat und daß es sich nur um ein taktisches Zurückweichen vom Greifbaren zum Ungreifbaren, vom Reich der Mechanik zum Reich der Chemie handelt.

Als morphologische Erscheinung ist der Gegenstand verschwunden; er läßt sich nicht mehr als solcher erkennen. Er gehört nicht mehr zur ‹Abfallpopulation›, zur Menge der degradierten Gegenstände. Er bildet nun ein Element einer anderen Population: die Bestandteile des Gegenstandes sind nach einem drastischen Umwandlungsprozeß umgelegt worden auf Elemente der ‹Population der Faktoren der Verschmutzung und künstlichen Erosion›.

Im Unterschied zu der zuerst erwähnten Population belegt die zweite Population keine bewohnbaren Räume, sondern verschmutzt, zerfrißt, beschädigt, zersetzt sie und laugt sie aus. Schließlich macht sie diese Räume für den Menschen unbewohnbar.

Einer Schimäre jagen also die bereits erwähnten Taktiker des Zusammenbruchs des Kapitalismus nach – ‹je schlimmer, desto besser› –, wofern sie glauben, daß das überwältigende Zerstörungspotential dieser ‹Zeitbomben› auf eine bestimmte geographische Zone oder auf eine bestimmte Gesellschaftsform eingeschränkt werden könnte.

Wenn nicht beizeiten energische Gegenmaßnahmen ergriffen werden, könnte nach Ansicht der Ökologen die Mißhandlung der Umwelt die Zukunft jeder Form menschlichen Lebens auf der Erde vielleicht schon während der zweiten Hälfte des nächsten Jahrhunderts einschneidend beeinträchtigen.

Manche meinen, daß eine solch düstere Zukunft sich mit dem gleichen Recht voraussagen lasse wie irgendeine andere: alles – so mahnen sie – sei früher oder später zum Untergang verurteilt; es bestünde daher kein grundlegender Unterschied zwischen der resignierten Hinnahme eines sicheren Endes in kurzer Zeit und dem verzweifelten Versuch, dieses Ende so weit wie möglich hinauszuschieben. Mag auch die Gültigkeit dieser These fast zu sehr einleuchten, können wir sie doch anerkennen; aber gerade deshalb, weil sich beide Haltungen nicht wesentlich unterscheiden, steht es jedermann frei, eine Wahl zu treffen, die seinen Überzeugungen am ehesten entspricht.

Zur Wahl stehen ein destruktiver Pessimismus und ein konstruktiver Skeptizismus; wir bevorzugen die zweite Alternative. Für uns gibt es nur eine einzige Möglichkeit: immer und von neuem alles in die Schranken weisen, was das Überleben des Menschen bedrohen kann; beitragen zur Entschärfung der ‹Zeitbomben›, das heißt der unverantwortlichen Zunahme mit verantwortlicher Kontrolle, den Übergriffen mit Eingriffen begegnen. Kurz, unsere Wahl fällt auf Planen und Entwerfen.

9

Doch gibt es noch Raum für Planen und Entwerfen? Er ist fraglos sehr beschränkt. Die äußerst hohe Komplexität der Umweltprobleme hält dazu an, ihre Lösung im Technischen zu suchen; und bei der Erläuterung des Ansatzes von Buckminster Fuller haben wir bereits gesehen, welchen Abstraktionsgrad die technische Phantasie erreichen kann, wenn ihr freier Lauf gelassen wird, mit ihren unendlichen Möglichkeiten zu spielen, und vor allem, wenn sie dabei ohne den Beistand der soziologischen Phantasie verfährt.

Jüngst haben die aufsehenerregenden Erfolge mit den Weltraumkapseln (bis zur ersten Mondlandung) von neuem die Hoffnung belebt, daß die physische Umwelt des Menschen ganz und gar künstlich hergestellt werden könne. [60]

Wenngleich dieser Vorstellung auf den ersten Blick etwas Verführerisches anhaftet, kann sie nicht vorbehaltlos und ohne Abstriche akzeptiert werden: die Zahl der unberührten und wichtigen Fragen ist zu groß. Viele Wissenschaftler haben bereits ihre Zweifel hinsichtlich solcher Realphantasien zum Ausdruck gebracht. So weitgespannt auch die Anpassungsfähigkeit des Menschen sein mag, sie ist durchaus nicht unbegrenzt. Der Biologe A. Portmann hat vor einiger Zeit daran erinnert [61], daß die spezifisch menschliche Umwelt – biologisch gesehen – weder im Makrokosmos noch im Mikrokosmos, sondern im Mesokosmos beheimatet ist, gebildet durch den ‹Oikos›, der Wohnstätte des Menschen. Aus phylo- und ontogenetischen Gründen ist der Mensch dazu verurteilt, im Mesokosmos zu verharren. Ohne Zweifel kann er zeitlich begrenzte Ausflüge in den Makrokosmos unternehmen, wie es bereits geschieht; doch immer muß er seinen künstlichen Mesokosmos mit sich schleppen.

Wahrscheinlich werden in den nächsten Jahrzehnten, zumindest was das Technische anbelangt, alle Schwierigkeiten aus dem Wege geräumt werden, um einen völlig synthetischen menschlichen Mesokosmos herzustellen, sei es in einem Teil oder auf dem ganzen Planeten. Aber auch in den nächsten Jahrzehnten wird man nicht einmal theoretisch wissen können, ob der Mensch auf lange Sicht überleben kann, das heißt als Mensch überleben kann, wenn er gezwungen wäre, dauernd in einem künstlichen Mesokosmos zu leben. Mit Grund darf man daran zweifeln, daß jemand in naher Zukunft sich bereitfände, allen Ernstes zu garantieren, daß der Mensch unter ähnlichen Bedingungen nicht tiefgreifende Degenerationsprozesse in seinem neurovegetativen und homöostatischen System erleiden würde. [62]

Bisweilen kann man sich des Verdachts nicht erwehren, daß sich hinter diesen Spekulationen über die zukünftige menschliche Umwelt eine gute Dosis an technokratischem Eskapismus verbirgt. Es sieht so aus, als ob man durch diese Haltung einer schwierigeren und dringenderen Aufgabe zu entweichen sucht: der Aufgabe, hier und jetzt einen neuartigen Mesokosmos zu schaffen, in dem man nach dem Vorschlag von Geddes [63] nicht nur eine Optimalisierung der Umwelt, sondern auch und vor allem eine Optimalisierung des Menschen als individuellen und sozialen Wesens feststellen könnte. Es fehlt selbstredend nicht an Leuten, die den eben erwähnten Verdacht rundweg von der Hand weisen und versichern, daß die heute in unserem Habitat durch Wissenschaft und Technik hervorgerufenen Änderungen auch wesentliche Änderungen in der *condition humaine* nach sich zögen.

So stünde also die Ankunft einer neuen *condition humaine* unmittelbar bevor. Man könne deren Urformen bereits in den riesigen Ballungen der Großstädte und Supergroßstädte der hochindustrialisierten Länder erkennen. Mit diesen Überlegungen würde man den Verdacht (oder Einwand) technologischer Einseitigkeit und evasiver Indifferenz gegenüber der sozialen Umwelt zu entkräften suchen.

10

In der letzten Zeit herrscht eine Schwemme an mehr oder weniger literarischen, mehr oder weniger philosophischen Beschreibungen über die Zukunft des Menschen. Jeden Tag werden ihm provozierende und verblüffende Eigenschaften angedichtet. Das eine Mal verkündet man die Ankunft des nachgeschichtlichen Menschen, das andere Mal des nachideologischen Menschen, und ein anderes Mal schließlich die Ankunft des nachalphabetisierten Menschen. [64] Das nicht zu missende Präfix ‹nach› signalisiert — bei diesen und ähnlichen Kennzeichnungen — immer die Absicht eines radikalen Bruchs mit der Vergangenheit. Man will die traditionelle *condition humaine*, oder besser die traditionellen, dem Menschen bestimmenden Faktoren bekämpfen, wie sie sich zumindest in den letzten 2000 Jahren gezeigt haben. Gemeint ist damit der geschichtliche, ideologische und alphabetisierte Mensch selbst, der letzten Endes das große Projekt (und auch die große Leistung) unserer Kultur gebildet hat. Auf höchst abstrakter Ebene wäre eigentlich nichts gegen einen derartigen Umbruchsversuch einzuwenden. Aber auf einer etwas konkreteren Ebene und enger auf die praktischen Konsequenzen bezogen fehlen auch in diesem Fall verläßliche Garantien.

Trotz der durchaus wertvollen Betrachtungen einiger Theoretiker auf diesem Gebiet [65], hat man bisher nicht auszumachen vermocht, bis zu welchem Punkt die *condition humaine* verändert werden kann, ohne Gefahr zu laufen, das Wesen des Menschen zu wandeln und ihm vielleicht sogar aufzukündigen. Denn solange dieser Punkt nicht hinreichend geklärt ist, kommt der Versuch einer radikalen Änderung der *condition humaine* — unserer Meinung nach — weiterhin einem Sprung ins Leere gleich.

Dennoch hindert uns — heute vielleicht weniger als je — nichts daran, zumindest subjektiv diese Sprünge ins Leere zu wagen. Jedes Abenteuer findet seine mehr oder minder überzeugten Anhänger; jeder Vorschlag, mag er auf noch so schwachen Füßen stehen, erscheint allemal seinen Verfechtern verwirklichenswert. Freilich gibt es immer Zwangsgegebenheiten; doch sie sind so zahlreich, so unterschiedlich und so widersprüchlich, daß sie im Grunde nicht als solche wahrgenommen werden und infolgedessen auch nicht in Betracht gezogen werden.

Zum erstenmal genießt man die Illusion völliger Straffreiheit: zum erstenmal scheint man Aktionen auslösen zu können, ohne deren mögliche Folgen bedenken zu müssen. Häufig wird von Innovation (und öfter noch von Revolution) gesprochen; aber man will weder davon wissen, welche

Risiken sich faktisch daraus ergeben, noch zugeben, daß in jedem Bereich das innovative Verhalten in ein Entscheidungsgefüge eingelassen ist und darauf hinausläuft, das Risiko unter Kontrolle zu halten und seine Folgen zu ermessen. «Der Entscheidungsprozeß, der zur Innovation führt», schreibt D. A. Schon, «ist ein Prozeß des Abbaus von Risiko . . . Die innovative Arbeit . . . besteht darin, Unsicherheit in Risiko zu verwandeln» [66]. Stark ähneln sich hier Innovations- und Entwurfsverhalten: beide Verhaltensformen agieren an derselben Front insofern, als sie es darauf absehen, das in jeder Unsicherheit eingekapselte Risiko in Wahrscheinlichkeiten zu überführen, das heißt das ‹maximal zu erwartende Risiko› herauszufinden.

Wir haben es im Grunde genommen mit ein und demselben Verhalten zu tun, das man allgemein als Innovations- und Entwurfsverhalten klassifizieren kann. Bei etwas genauerem Hinsehen stellt sich folgendes heraus: während das Entwurfsverhalten sich immer auf die kritische Einschätzung des ihm jeweils gestellten Problems richtet, gilt das nicht immer beim Innovationsverhalten. Es gibt einige, allerdings wenige Innovationen, die sich nicht aus einem Entwurfsverhalten herleiten. Andererseits ist hervorzuheben, daß auch das Entwurfsverhalten trotz all seiner Informations- und Entscheidungsstrategeme nur selten Innovationswert erreicht. Aufs Wesentliche zusammengefaßt: entworfene und nicht-entworfene Innovation treten mit der gleichen geringen Häufigkeit auf.

Diese Nuancen können müßig erscheinen; doch bezwecken sie, unseren Begriff des Innovations- und Entwurfsverhaltens von verschiedenen Seiten her einzugrenzen. Auf diese Weise entgeht man – unserer Meinung nach – der Versuchung, die einen leicht überkommen kann, zu glauben, daß solches Verhalten die *via regis* sei, die unfehlbar zur Innovation führe und dafür bürge, von Überraschungen der Willkür verschont zu bleiben. [67]

Da der Gedankengang, den wir hier vortragen, sich hauptsächlich auf die Problematik der menschlichen Umwelt bezieht, drehen sich alle Erwägungen über Entwurf und Innovation um jene Sondergruppe von Problemen, welche im Fachbereich der heuristischen Techniken und Entscheidungshilfen ‹schlechtdefinierte Probleme› genannt werden. [68]

Gerade diese Probleme sind am schwierigsten zu formulieren und zu lösen. In der Regel stellen sich im System, dem der Mensch angehört, ‹schlechtdefinierte Probleme›; «Probleme mit ungeordneter Komplexität», wie Weaver sie betitelte [69]. Um sich die Eigentümlichkeit eines derartigen Systems besser verständlich zu machen, sollte man es sich nach Weavers Vorschlag als einen «großen Billardtisch, über dessen Oberfläche

Millionen Elfenbeinkugeln rollen» vorstellen – ein System also mit höchstem Grad an Unvorhersehbarkeit, insofern alle seine Elemente einem äußerst dynamischen und unsteten Verhalten unterliegen.

Der große, innovative Beitrag der Raumkapsel als einer künstlichen menschlichen Umwelt besteht in erster Linie darin, ein System mit ‹schlechtdefinierten› Problemen, das heißt mit ungeordneter Komplexität, in ein System mit ‹wohldefinierten› Problemen, das heißt mit organisierter Komplexität verwandelt zu haben.

Dennoch leuchtet ein, daß ein derartig eindrucksvolles Ergebnis vor allem von den eingeschränkten Dimensionen des in Frage stehenden Systems abhängt. Wenn man vorhätte, es auf planetarischen Maßstab auszudehnen, befänden wir uns wieder vor dem «großen Billardtisch», von dem Weaver sprach. Jeglicher Versuch nun zu einer unfehlbaren Vorausbestimmung des Risikos, was die Voraussicht des Entwicklungsverlaufs jeder einzelnen und aller im System enthaltenen Variabeln mit dynamischem und unstetem Verhalten impliziert, scheint zumindest beim gegenwärtigen Stand unserer Kenntnisse einer triftigen Grundlage zu entbehren.

11

Diese Indizien lassen klar erkennen, daß der auf eine vollständige Optimalisierung der menschlichen Umwelt abzielende Entwurfsvorschlag nur den Wert eines Versuchsballons hat, also einer reinen Spekulation, die sich gerade zum Beweis der Unsinnigkeit des Vorschlags eignet.

Allerdings sei daran erinnert, daß noch andere Entwurfsvorschläge existieren, die sich trotz der weitgehenden Ähnlichkeit ihrer Problemstellung mit den eben geschilderten durch ihre erheblich beschränkteren Zielsetzungen unterscheiden. Gemeint sind die Vorschläge, die statt einer Totaloptimalisierung unseres Ökosystems eine Partialoptimalisierung anvisieren. Sie bürden sich also nicht die enorme Aufgabe auf, den gesamten Planeten zu überziehen, sondern wollen lediglich auf eine bestimmte Stadt oder Region einwirken.

Hier haben wir es in Wirklichkeit mit einem Versuch der ‹Suboptimalisierung› [70] zu tun. Beim «Dome over Manhattan» von Buckminster Fuller – einer riesigen, transparenten Glocke, die die City von New York überspannt [71] – handelt es sich um einen typischen Suboptimalisierungsvorschlag. Wenngleich heute, technisch gesehen, diese Kuppel verwirklicht werden kann, ist damit noch überhaupt nichts über die ökologische Situation des Habitat gesagt, die sich unter einer solchen vorgeblich schützenden Kuppel entwickeln würde. Da können selbst nicht die Beteuerungen beruhigen, daß eine solche Umwelt über Klimaanlagen verfügen würde und daß ihre Bewohner in den Wonnen einer totalen meteorologischen Neutralisierung schwelgen könnten. Dieser Vorschlag beweist von neuem die bewundernswerte Phantasie von Buckminster Fuller als Ingenieur, aber zugleich seine gefährliche Naivität als improvisierender Ökologe.

Zu dieser Art von Suboptimalisierung, die sich auf den Versuch gründet, der Umwelt partiell einen künstlichen Charakter zu verleihen, gesellt sich ein weiterer, von anderen Voraussetzungen ausgehender Versuch: gemeint ist die Suboptimalisierung der von der Weltraumforschung herkommenden Systemtechniker.

Ihr Ansatz besteht vorgängig darin, eine radikale Neuverteilung der funktionellen und strukturellen ‹Aufgaben› innerhalb eines bestimmten Bereichs vorzunehmen. Die aufschlußreichste Studie auf diesem Gebiet wurde von Systemtechnikern im Zusammenhang mit dem Projekt der Erneuerung der Umweltbedingungen in Kalifornien ausgeführt. Im Jahre 1964 gab der damalige Gouverneur von Kalifornien, Brown, folgendes bekannt: «Wir haben den Entschluß gefaßt, die Theorie zu überprüfen, derzufolge die Systemtechniker, die unsere Astronauten in 90 Minuten die Erde umkreisen lassen, es auch fertig bringen können, daß ein Familienvater ein wenig schneller zur Arbeit fahren und nach Hause zurückkehren kann, und weiterhin die Dunstwolke beiseite fegen können, so daß wir den Himmel etwas klarer sehen» [72].

Wider Erwarten haben die Systemtechniker aus Industrie und Weltraumforschung diese Herausforderung nicht mit einer Einkapselung ganz Kaliforniens beantwortet. Ihr Vorschlag nahm sich vielmehr recht gemäßigt aus und war nicht dazu getan, die konventionellsten Einstellungen der amerikanischen Spezialisten der Stadtsanierung (*urban renewal*) in Zweifel zu ziehen.

Nur an wenigen Stellen nimmt ihre Argumentation einen polemischen Drall an, und zwar besonders beim Vorschlag, die Beziehung Arbeiter–Arbeitsplatz zu brechen, das heißt die Arbeit zum Arbeiter zu befördern statt umgekehrt. Zunächst scheint dieser Vorschlag nicht besonders originell zu sein, oder sich zumindest nicht von der heute weitverbreiteten Tendenz abzuheben, die Industrien außerhalb oder weiter entfernt von den Stadtzentren nahe den Wohnstätten der Arbeitskräfte und Möglichkeiten preisgünstigerer Energieversorgung anzusiedeln.

Die Systemtechniker schlagen etwas ganz anderes vor. Vor allem haben sie beim Entwurf des Modells nicht die Arbeitskräfte im allgemeinen berücksichtigt, sondern insbesondere die Angestellten. Sie wollen nicht die Büros in der Nähe der Wohnbezirke der Angestellten errichten, sondern die Büroarbeit in ihre Wohnungen selbst verlagern. Es ginge also um nichts weniger, als die Büroarbeit über so viele Arbeitsplätze hin zu zerstreuen, wie es Angestelltenwohnungen gibt. Auf diese Weise würde sich die Wohnung in ein ‹Hausbüro› verwandeln, in eine kleine Arbeitseinheit, perfekt mit Kommunikations-, Rechnungs- und Programmierungsgeräten ausgerüstet, mittels derer der Angestellte zu Hause alle Büroarbeiten erledigen kann – also alle Aufgaben der Datenverarbeitung: Informationen empfangen, auswählen, prüfen, bewerten, entschlüsseln, deuten, speichern, erzeugen und übermitteln.

Damit versprechen sich die Systemtechniker, von der Stadt zwar nicht alle, so doch immerhin den Großteil der Angestellten fernzuhalten; denn diese bilden bekanntlich den Teil der festen oder Pendelbevölkerung mit höchster Wachstumsrate unter allen Bevölkerungsschichten, die zur Verstopfung der großen städtischen Ballungszentren beitragen.

Im Unterschied zu den anderen Modellen des technischen Utopismus werden in diesem Fall ziemlich genaue Einzelheiten über Art und Arbeitsweise der betreffenden technischen Apparaturen geliefert.

Auch hier gibt es keine technischen Realisationsschwierigkeiten. Aber während beim «Dome over Manhattan» die technologische Eingebung in die ökologische Abartigkeit führt, verfällt das für Kalifornien entwickelte Modell der soziologischen Abartigkeit. Die Entfernung der Arbeiter von den kollektiven Arbeitsplätzen (heute spricht man nur von Angestellten, morgen könnte die gesamte Arbeiterschaft in Betracht gezogen werden) ist nicht als ein erstrebenswertes Ziel zu nehmen. Die Privatisierung der Arbeit wird der Beginn der Entstädterung und letzten Endes der Entgesellschaftung sein. Der Massenmensch ist bekanntlich manipulierbar; doch noch mehr ist es der isolierte Mensch. [73]

12

Wer darin einwilligt, daß Entwurfstätigkeit ohne den Beistand eines geschärften kritischen Bewußtseins – ökologisches oder soziales Bewußtsein – ausgeübt wird, endet immer damit, aus der je besonderen Wirklichkeit auszuwandern.

Im Grunde bildet ein derartiger Entwurfstyp nur eine verkleidete Form des Anti-Entwurfs. Der gewagte Geschmack am ‹Sprung ins Leere› kennzeichnet die Haltung des Anti-Entwurfs. Obgleich wir auf diesen Geschmack sowohl unter technischen Utopisten wie unter Chiliasten stoßen (bei den ersten paradoxerweise auf Grund einer Hypertrophie des Entwurfsinteresses, bei den letzten auf Grund einer Atrophie desselben), stimmen beide Tendenzen darin überein, ihren Handlungswillen nicht in die Sphäre konkreter und unmittelbarer Entscheidungsstrukturen übersetzen zu wollen.

Wie bereits dargelegt, gibt es eine Entwurfshandlung ohne Innovationskomponente und eine Innovationshandlung ohne Entwurfskomponente. Indessen können weder Entwurf noch Innovation auf eine Verwaltungspraxis (*gestione*) verzichten. Wenn etwas zu entwerfen oder zu innovieren ist, kann sich dieses Unternehmen nur im Rahmen entsprechender Sachgegebenheiten entfalten, das heißt es wird sich um ein Unternehmen handeln, das mit verwaltungs- und entscheidungstechnischen Fragen verflochten ist, deren Berücksichtigung für die spätere Durchführung des Entwurfs- oder Innovationsvorschlags unumgänglich ist. Es wird ein Diskurs des *negotium gestio* sein, ein Diskurs über die Verantwortung, die man in selbst- oder fremddelegierter Weise für einen begrenzten Wirklichkeitsausschnitt übernommen hat.

An diesem Punkt werden wir versuchen, den Begriff der ‹Verwaltungspraxis› zu vertiefen. In den gegenwärtigen politischen und gewerkschaftlichen Debatten werden oftmals Verwaltung und Selbstverwaltung gegenübergestellt. Dadurch kam die Ansicht auf, daß die Selbstverwaltung gleichsam eine Verwaltung sei, der es gelingt, nicht-repressiv zu sein, indem sie aufhört, Verwaltung zu sein. Dieser Gedankengang leidet unter einer schwerwiegenden logischen Verdrehung.

Erläutert sei zunächst, was wir unter ‹Verwaltung› bzw. ‹Verwaltungspraxis› verstehen. Nach unserer Meinung ist ‹Verwaltung› ein kognitives und operatives Verhalten, mittels dessen Information in Aktion verwandelt wird. ‹Verwaltung› ist somit auch ein Prozeß und wie alle Prozesse von der Umgebung bedingt, innerhalb deren und in Funktion deren sie sich entfaltet. Das bedeutet nicht unweigerlich, daß ‹Verwaltung› sich mit ihrer jeweiligen Umgebung solidarisiert; denn es gibt eine ‹Verwaltung› (die nicht immer eine Selbstverwaltung ist), die offen oder insgeheim die Umwälzung ihrer Umgebung anpeilt.

Man erinnert sich mehr als genau daran, daß diese Stellung sich diametral von derjenigen absetzt, die von den unnachgiebigsten Vertretern der gegenwärtigen Jugendrevolte bezogen wird. Ihnen zufolge versöhnt sich eine ‹Verwaltung› notwendig mit der Umgebung, in der sie sich vollzieht. Obendrein (so fahren sie fort) fungieren jene, die im Innern der Entscheidungs- und Machtstrukturen operieren, vorweg als Lakaien dessen, was sie ‹System› nennen. ‹System› ist im heutigen Protestjargon ein semantisch höchst labiles Wort. Es sei daher etwas näher betrachtet.

Was wird in diesem Zusammenhang unter ‹System› verstanden? Was heißt: Lakai in einem System sein? Kann ein Individuum oder eine Gruppe sich völlig außerhalb jeglichen Systems bewegen? Diese Fragen lassen sich nicht leicht beantworten. Nichts von dem, was die neuere Wissenschaftstheorie über den Systembegriff erarbeitet hat, stützt die Rechtfertigung des Gebrauchs, wie er heute durchgängig von diesem Begriff gemacht wird.

Bisweilen gewinnt man den Eindruck, daß heute von ‹System› gesprochen wird wie einst von ‹Regime›. Man scheint allgemein auf den Status quo der Gesellschaft anspielen zu wollen, das heißt auf den Inbegriff der Machtstrukturen, die formal oder informal in einer Gesellschaft Herrschaft ausüben. Die rückhaltlose Gleichsetzung des Systembegriffs mit dem Machtbegriff verleitet häufig zu der Annahme, daß es genüge, gegen einen bestimmten Status quo zu sein, um sich automatisch von jedem System befreien zu können. Man trifft hier noch einmal auf den Mythos, den Nicolai Hartmann [74] im philosophischen Kontext «Aporetismus» nannte, das heißt die Illusion, im Denken und Handeln außerhalb jedes Systems zu stehen. Noch einmal taucht hier der Mythos des reinen Zuschauers auf, des unbestechlichen Gesetzgebers Utopus, der alles ‹von außerhalb› beurteilen kann, da er weder Nutznießer noch Benutzer eines Systems ist.

Die Wissenschaftstheorie hat einen Systembegriff entwickelt, der ganz und gar die Möglichkeit ausschließt, daß irgendein Element nicht irgendeinem System angehört. Die ersten Überlegungen zur Formulierung einer «Allgemeinen Systemtheorie» verdanken wir dem Biologen Ludwig von Bertalanffy [75]. Er hat als erster versucht, die beiden Hauptklassen der Systeme genauer zu fassen: die geschlossenen Systeme und die offenen Systeme.

Nach von Bertalanffy sind alle Biosysteme und daher auch die Gesellschaftssysteme, die in eben diese Klasse fallen, offene Systeme. Gesellschaftssysteme haben allerdings noch eine besondere Eigenschaft; man kann nämlich aus ihnen nur heraustreten, um in ein anderes System einzutreten. Der paradoxe Wunsch, einem System entfliehen zu wollen, kann nicht befriedigt werden, wo man doch im Innern dieses Systems verbleibt. Obgleich man einen Funktionskreis an Stelle eines anderen Funktionskreises innerhalb desselben Beziehungsnetzes wählen kann, ist es ausgeschlossen, alle Funktionskreise auszuschlagen, ohne sich bereit zu finden, das Netz, also das System, zu wechseln. [76]

Nicht zu vergessen ist aber, daß diese auf von Bertalanffy zurückgehende Polarisierung der Systeme später bereichert worden ist durch die Arbeit von C. Foster, Anatol Rapoport und E. Trucco. Sie stellten die Existenz dreier Klassen von Systemen fest: isolierte Systeme (in ihnen wird weder Materie noch Energie zwischen System und Umwelt ausgetauscht), geschlossene Systeme (in ihnen wird Energie, aber nicht Materie ausgetauscht), offene Systeme (in ihnen wird sowohl Energie als auch Materie ausgetauscht). [77]

Wenn man diese Typologie als Richtschnur nimmt, wären Gesellschaftssysteme wie alle Biosysteme als offene Systeme zu betrachten; das haben wir bereits hervorgehoben. Doch in einigen Ausnahmefällen zeigen sie eine gewisse Tendenz, in die Klasse geschlossener und sogar isolierter Systeme hinüberzuwechseln, wie es sich zum Beispiel an den autoritären Systemen und Zwangsgesellschaften in Vergangenheit und Gegenwart sehen läßt. Die historische Erfahrung lehrt außerdem, daß die hermetisch abgeschlossenen und weitgehend isolierten Gesellschaftssysteme in der Regel die zerbrechlichsten sind: ihr Mangel an Elastizität und somit Anpassungsfähigkeit macht sie besonders verletzbar gegenüber dem Einfluß endogener und exogener Abweichungsfaktoren.

13

Es kann deshalb nicht verwundern, daß viele Wissenschaftler die Gesellschaftssysteme mit Hilfe der Terminologie der statischen Mechanik, besonders des dynamischen Gleichgewichts, zu erklären versucht haben. Zu den ersten, die sich in dieser Richtung bewegten, zählt Pareto [78]. Doch stammt die Vorstellung vom System als eines sich «im Gleichgewicht befindenden Gebildes» wahrscheinlich von Condillac. Er definierte das System als «eine Ordnung, in der sich alle Teile gegenseitig stützen» [79]. Diese Vorstellung, ergänzt durch die mechanistische Interpretation Paretos, liefert die Grundlage für eine der umstrittensten Richtungen der amerikanischen Soziologie, und zwar der Soziologie Parsons' [80].

In seiner Gesellschaftstheorie schließt Parsons jede Möglichkeit aus, daß Abweichungsfaktoren ein bestimmtes System in ein anderes System verwandeln können. Abweichung wird von Parsons als eine pathologische Erscheinung betrachtet, die entweder zu bekämpfen oder unschädlich zu machen sei mittels mehr oder minder subtiler Sozialisierungs- oder Akkulturationsprozesse.

Der Systemtheoretiker A. D. Hall hat einen von der traditionellen Gleichgewichtstheorie erheblich abweichenden Systembegriff ausgearbeitet [81]. Für Hall handelt es sich bei der Systemdynamik, die er «fortschreitende Faktorisierung» nennt, um einen Prozeßverlauf mit zwei konträren Richtungen, ‹Verfall› und ‹Wachstum› («*decay*» und «*growth*»). [82] Auf diese Weise entschärft Hall die Problemstellung, aber er erklärt nicht, welche Kräfte im System zum Verfall und welche zum Wachstum führen.

Bei dem Soziologen W. Buckley dagegen stoßen wir auf eine eindeutigere Stellungnahme zu diesem Punkt. [83] In jedem Gesellschaftssystem — so stellt er fest — können wir zwei Prozesse unterscheiden: einen «morphostatischen» und einen «morphogenetischen». Während der erste Prozeß eine Konservierungsfunktion erfüllt, hat der zweite Prozeß eine Erneuerungsfunktion; während der erste bewahrt, fördert der zweite die Veränderung der Form, der Organisation und des Zustands des Systems. Im Gegensatz zum eingefleischten Konservativismus der Parsonsschen Schule behauptet Buckley außerdem, daß unter extrem günstigen Bedingungen ein morphogenetischer Prozeß ein System in ein anderes verwandeln, also zur Ersetzung eines Systems durch ein anderes beitragen kann.

Das Problem der Funktion, Verteilung und Einfügung morphogenetischer Prozesse in einem bestimmten Gesellschaftssystem unterscheidet sich eigentlich nicht von der Frage, wie, wo und wann die innovativen Prozesse bis hin zu den revolutionären Prozessen in der Gesellschaft sich Bahn brechen und Erfolg haben können. Die moderne Systemtheorie stellt — wie wir gesehen haben — anscheinend eine recht überzeugende Antwort auf diese Frage bereit.

Die morphogenetischen Prozesse beginnen zweifellos in der Regel mit Abweichungs- oder Brucherscheinungen innerhalb der sozio-kulturell etablierten Werte; doch ihr Erfolg hängt vom Grad der Geschicklichkeit ab, mit der sie ausgeführt werden. Es kann nicht zur Innovation, geschweige Revolution kommen, wenn man sich nicht an einem bestimmten Punkt des morphogenetischen Prozesses — zu Beginn oder später — auf einen Diskurs über die Technizität, das Wie der Planung, des Entwerfens und der Durchführung des Prozesses selbst einläßt: die Geschichte der vielen gescheiterten und der wenigen erfolgreichen Revolutionen zeigt das mit aller Deutlichkeit. Allgemein läßt sich folgendes festhalten: wenn die Technizität der morphostatischen Prozesse größer ist als die Technizität der morphogenetischen Prozesse, mindern sich die Erfolgschancen der letzteren in bedenklichem Maße.

Das tritt offen zutage, wenn man die Wechselbeziehung zwischen morphostatischen und morphogenetischen Prozessen innerhalb der Gesellschaftssysteme untersucht, die heute bereits eine sehr hohe strukturelle und funktionelle Komplexität erreicht haben wie im Fall der entwickelten Industrienationen, und zwar sowohl der kapitalistischen als auch der sozialistischen. Weniger Klarheit dagegen herrscht in bezug auf relativ einfache Systeme wie bestimmte primitive Kulturen, zum Beispiel einige Indianergemeinschaften in Nordamerika. In diesen Gemeinschaften genügt eine Revolte gegen das allgemein anerkannte Totem, um einen morphogenetischen Prozeß zu entfesseln, den die morphostatischen Prozesse nur schwerlich unter Kontrolle zu halten vermögen: es genügt, die Möglichkeit einer Totemerneuerung anzudeuten, zum Beispiel «einer Erdbeerordnung in der Tabakbrüderschaft, in der vorher eine Schneehuhnordnung bestand» [84].

Doch diese kleinen, einfachen Gemeinschaften sterben allmählich aus. Die zukünftigen Gesellschaftssysteme werden dagegen immer stärker dem Typ entsprechen, den wir als System mit äußerst hohem Grad struktureller und funktioneller Komplexität bezeichnet haben. Sicherlich kann in ihnen eine Revolte im symbolischen (oder besser emblematischen) Bereich einen morphogenetischen Prozeß freisetzen; doch von sich aus kann sie niemals den Erfolg garantieren. Die morphostatische Technizität dieser Systeme ist so beschaffen, daß jede symbolische Abweichung auf die Dauer hin neutralisiert werden kann. Das am häufigsten geübte Verfahren unterscheidet sich im Grunde nicht erheblich von dem alten und noch heute wirksamen englischen Kniff, einen Lordtitel dem anzutragen, der für die Lords zu unbequem geworden ist.

14

Der Ansatz von Buckley eröffnet neue Möglichkeiten für die Analyse des Phänomens Revolution; doch das weniger wegen der Originalität der Schlußfolgerungen als wegen des neuen Begriffsinstrumentariums. Sein Beitrag ist daher ausschließlich im Methodologischen zu sehen. Die Schlußfolgerungen von Buckley teilen wahrlich nichts wesentlich Neues mit; vor ihm gelangten andere Wissenschaftler unter Verwendung anderer Begriffe bereits zu ähnlichen Ergebnissen. Wenn wir aber seinen Beitrag angemessener einschätzen wollen, ist es das Beste, der Polemik zwischen verschiedenen Wissenschaftlern nachzugehen und aufmerksam die Gründe zu sichten, die jeden zu den jeweils eigenen, nicht immer gleichlautenden Schlüssen geführt haben.

Zu diesem Zweck können wir die alte, noch heute aktuelle Debatte über die Frage analysieren: wie macht man Revolutionen? Die Debatte also über die innovativen Prozesse in der Gesellschaft. Insbesondere wäre die Stellung Hannah Arendts in dieser Auseinandersetzung eingehender zu betrachten. Für sie bildet die spontane Aktion, die projektlose, die programmlose, die modellose Aktion das konstante Merkmal moderner Revolutionen: «Die Rolle der Berufsrevolutionäre», schreibt sie, «in allen modernen Revolutionen ist von großer Wichtigkeit, aber sie bestand nicht in der Vorbereitung bewaffneter oder unbewaffneter Aufstände ... Der Ausbruch der meisten Revolutionen ist den Berufsrevolutionären und den linken Parteien genauso überraschend gekommen wie allen anderen, und es gibt kaum eine Revolution – nicht einmal die chinesische –, die wirklich auf ihr Konto geht ... Also nicht Revolutionen zu machen, sondern die Macht zu ergreifen, wenn sie ausgebrochen sind, ist Sache der Berufsrevolutionäre» [85].

Wenn diese Deutung stimmt, dann wären die professionellen Entwerfer der gesellschaftlichen Innovation – die Berufsrevolutionäre – allenfalls Nutznießer der Innovation, nicht aber deren Erzeuger. Entwerfer der Revolution wären also nicht jene, die den Prozeß der Gesellschaftsveränderung entfachen, sondern nur jene, die den auf die Veränderung folgenden Prozeß unter Kontrolle bringen und leiten. Aus dieser Sicht würden Revolutionen ohne vorgängigen Plan gemacht, doch bedürften sie im nachhinein solcher Pläne, um sich zu festigen und durchzusetzen.

Seit jeher konnten sich die *revoltés* (Wiedertäufer, Chiliasten, Mystiker, Anarchisten usw.) eher mit dem ersten Teil der Argumentation als mit dem zweiten abfinden. Sie, wie paradoxerweise auch die Berufsrevolutionärin Rosa Luxemburg [86], haben im Übergang von der Zerstörung einer alten Ordnung zum Aufbau einer neuen Ordnung immer den Übergang von einer revolutionären zu einer konterrevolutionären Phase gesehen. Was nach der Revolution kommt, ist schon immer und vorab Konterrevolution. Wohlgemerkt: wenn man die Revolution nur als spontane Aktion begreift, muß alles Nichtspontane als konterrevolutionär gebrandmarkt werden.

Unbestreitbar setzt der Aufbau gleich welcher Ordnung die Entwicklung einer kohärenten und klar gegliederten, vor allem aber zentralisierten Struktur voraus; impliziert also die Hinnahme der Restauration einer Macht. An diesem Punkt tut man gut daran, sich folgenden Sachverhalt gegenwärtig zu halten: wenn sich Innovation immer gegen jemanden richtet, zielt auch die Instauration einer Macht immer gegen jemanden. Allen in den letzten Jahrzehnten unternommenen Anstrengungen zum Trotz, den Begriff der Macht (oder Autorität) stärker zu präzisieren, trifft immer noch die Definition von Weber, vielleicht wegen ihrer Vorurteilslosigkeit, am besten den Kern der Sache: «Herrschaft, d. h. die Chance, Gehorsam für einen bestimmten Befehl zu finden» [87].

Weber erteilt eine noch härtere Antwort jenen, die eine gesellschaftliche Innovation ohne Plan oder ohne die erforderliche Organisation für möglich erachten: «Wer die absolute Gerechtigkeit auf Erden mit Gewalt herstellen will, der bedarf dazu der Gefolgschaft: des menschlichen ‹Apparates›...» [88]. Das aber haben die *revoltés* niemals akzeptieren mögen. Wohl haben sie die Bedeutung der Gefolgschaft erkannt; doch was die Ablehnung des Apparats anging, wichen sie um keinen Deut von ihrer Generallinie ab.

Nun kann kein Mißtrauen gegenüber dem Apparat – so berechtigt es auch sein mag – eine unleugbare Tatsache vergessen machen: wer sich auf die Jagd nach Gefolgschaft begibt, wer alle Mühe darauf wendet, Anhänger für seine Ideen zu gewinnen, stößt früher oder später auf die Notwendigkeit eines Apparats. Die Notwendigkeit der Gefolgschaft und die Notwendigkeit des Apparats – darin hatte Weber recht – sind untrennbar miteinander verwoben – und um so mehr, wenn es sich um Gefolgschaft handelt, die «die absolute Gerechtigkeit auf Erden mit Gewalt herstellen will». Sich gegen die etablierte Ordnung zu erheben ist in der Praxis dasselbe, wie sich gegen einen Apparat wenden, der die herrschende Ordnung verbürgt (und nach Meinung einiger sogar rechtfertigt). Doch steht eines fest: man kann nicht gegen einen solchen Apparat Gewalt ausüben, ohne seinerseits über einen Apparat zu verfügen, der den Widerstand des Gegners aufweicht oder zumindest hinreichend Schutz gewährt gegen die Gewalt, die – als Gegenreaktion – von seiten des Gegners zu erwarten ist.

Die *revoltés* denken da genau das Gegenteil, und das ist eine Illusion, ja schlimmer noch als eine Illusion: eine Genugtuung über den eigenen Untergang. Im Grunde geht es ihnen darum, einen expressiven Diskurs in die Geschichte einzuführen, und nicht einen operativen Diskurs. So sagte man über einen von ihnen, den legendären Thomas Müntzer [89], daß er die Revolte mehr liebte als die Welt, der sie zur Existenz verhelfen sollte.

Genauer betrachtet trifft dies auf alle *revoltés* zu, einschließlich der zeitgenössischen *revoltés*. In letzter Instanz setzen sie sich für ästhetische Werte ein. Bewußt oder unbewußt wollen sie die Politik ästhetisieren. [90]. Nur so läßt sich ihre besondere Auffassung der Revolution erklären. Gemeinhin begreifen sie die Revolution als eine Folge spektakulärer Unternehmungen und nicht als eine Folge schwer entzifferbarer Rätsel der Machbarkeit. Wenn revolutionäre Aktion gleichzeitig die Kunst des Aufstands und die Wissenschaft der Subversion beinhaltet, so fesselt nur die zuerst erwähnte Komponente ihr Interesse. Aber diejenigen, die sich für die zweite Komponente entscheiden, begeben sich ihrerseits in andere Gefahren. Denn wer sich ausschließlich der Entschlüsselung subversiver Machbarkeit widmet, endet damit, seine eigene revolutionäre Aktion (d. h. subversive Aktion) verkümmern zu lassen.

15

Wie gesagt, es müssen nicht alle Formen des Kulturnihilismus unweigerlich als Ausdruck einer Absage gegenüber einer gefestigten Gesellschaftsordnung gewertet werden. Es gibt auch einen Kulturnihilismus, der bewußt oder unbewußt den Status quo feiert: ein Beispiel dafür bieten jene, die heute Hymnen auf die ‹Landschaft› bestimmter amerikanischer Städte singen, die ihrerseits zu den brutalsten, gemeinsten und korruptesten der jemals von der Konsumgesellschaft produzierten Auswüchse gehören.

Zum Gegenstand für diese Übung konformistischer Gymnastik wird gewöhnlich Las Vegas erkoren. Das Interesse am Phänomen Las Vegas ist zwar nicht neu, doch im Laufe der letzten Jahre durch die publizistische Tätigkeit einer Gruppe von Schriftstellern, Journalisten, Kritikern, Künstlern und Architekten wieder belebt worden, die diese Stadt als die imponierendste Umweltkreation der Massenkultur unserer Tage darzustellen sich befleißigen.

Tom Wolfe gehört zu den eifrigsten Propagandisten dieser Auffassung. Eine nicht zu unterschätzende Rolle dürfte dabei die ungebändigte und experimentell-frische Sprache gespielt haben, mit der er die ‹Landschaft› von Las Vegas schildert. In seinem Buch ‹*Das bonbonfarbene tangerinrotgespritzte Stromlinienbaby*› [91] ist folgendes zu lesen: «Las Vegas hat es fertiggebracht, eine ganze Stadt durch ein Leitungsnetz mit diesem elektrischen Stimulans zu versorgen. Tag und Nacht, mitten in der Wüste . . .»

(S. 20). «Las Vegas ist zum Beispiel die einzige Ṣtadt der Welt, deren Sky-
line weder aus Gebäuden besteht wie die von New York noch aus Bäumen
wie die von Wilbraham in Massachusetts, sondern aus Reklameschildern.
Wenn man sich Las Vegas auf der Route 91 bis auf eine Meile genähert hat,
sieht man weder Häuser noch Bäume, nur Reklameschilder. Aber was für
Schilder! Sie türmen sich empor. Sie drehen sich, sie pendeln, sie schießen
zu Formen auf, vor denen das existierende Vokabular der Kunstgeschichte
versagt» (S. 20–21). «In der Ära der Young Electric Sign Co. sind die
Reklameschilder zur Architektur von Las Vegas geworden, und die Yale-
Seminar-Ausgeburten der beiden verstorbenen Genies des modernen Ba-
rock, Frank Lloyd Wright und Eero Saarinen, erscheinen damit verglichen
ziemlich altfränkisch, wie müde Scherze in einer Fakultätssitzung» (S.
21).

Diese provozierenden Formulierungen von Wolfe sind von dem amerikanischen Architekten R. Venturi, der ausgerechnet in Yale lehrt, aufgegriffen
und einfühlsam weiterentwickelt worden. Selbst von einer luziden Analyse
der Umwelt von Las Vegas ausgehend, skizziert er eine allgemeine Theorie
der Stadt als Erlebnisgegenstand. Für Venturi bildet Las Vegas eine «vor-
handene Landschaft» («*existing landscape*»), von der Architekten und
Stadtplaner eine Menge zu lernen haben. Er empfiehlt ihnen Las Vegas als
das beste heute zur Verfügung stehende Modell, um einige traditionelle und
moderne Theorien über die Stadt als ‹Kommunikationsphänomen›, als Zei-
chensystem (sozusagen empirisch) zu überprüfen.

Auf allgemeiner Betrachtungsebene gesehen fehlt es dieser Einschätzung nicht an guten Gründen. Geht es darum, von Zeichen zu sprechen,
so ist Las Vegas unzweifelhaft die erste Stadt, bei der dies keinen allzu aus-
geklügelten semiotischen Begriffsapparat voraussetzt – ein Begriffsapparat übrigens, den niemand bis heute überzeugend-verbindlich festzulegen
vermochte. [92] Im Falle von Las Vegas handelt es sich nicht darum, eine
Straße, eine Treppe, eine Tür, ein Fenster oder eine bestimmte Gliederung
zwischen Außenraum und Binnenraum ‹Zeichen› zu nennen. In Las Vegas
sind die ‹Zeichen› fast ausschließlich *signs*: riesige Neonschriftzüge und
nicht weniger riesige ikonische Embleme. In einem Artikel über diese
Stadt [93], den Venturi in Zusammenarbeit mit D. Scott Brown verfaßt
hat, heißt es: «Das graphische Zeichen im Raum ist zur Architektur dieser
Landschaft geworden . . .» (S. 38). «Das Symbol beherrscht den Raum.
Architektur ist nicht genug. Da die Raumbeziehungen mehr durch Sym-
bole als durch Formen getragen werden, verwandelt sich Architektur in
dieser Landschaft in ein Symbol im Raum statt in eine Form im Raum» (S.
39). « . . . Gebäude ist die Leuchtreklame» (S. 39).

Doch Venturi geht es nicht in erster Linie darum, ein äußerst genaues (und somit lesbares) Modell zu liefern, das geeignet wäre, den Anforderungen einer strengeren semiotischen Analyse von Stadtstrukturen Genüge zu leisten; vielmehr will er die Resultate zweier verschiedener ‹Formprinzipien› dieser Strukturen polemisch miteinander konfrontieren. Auf der einen Seite die Stadt, die durch ein Diktat der Städtebauer geschaffen wird – den wahren Exponenten des zeitgenössischen ‹aufgeklärten Despotismus›; eine Stadt, deren Physiognomie ein für allemal durch eine Reihe von formalen und funktionellen Apriori-Entscheidungen geprägt wird. Auf der anderen Seite die Stadt, die wie Las Vegas sich dank der Spontaneität der dem Kollektiv eigenen Ausdrucksdynamik entwickelt und den ständig erneuerten Bedürfnissen eines auf die Kommunikationsumwelt orientierten Konsumismus entspricht.

Wir stoßen hier noch einmal auf die bereits von Banham getroffene Gegenüberstellung: «*Few, but roses*» und «*Many, because orchids*», die vor zehn Jahren Gegenstand eines kritischen Kommentars unsererseits bildete. [94] Eine Gegenüberstellung also zwischen einem platonischen, absolutistischen, mit dem Anspruch auf Ewigkeit auftretenden Formprinzip: ein Formprinzip der ‹Schönen Künste› (*fine art*), und einem realistischen, sich im Rahmen des jeweils Möglichen bewegenden, vergänglichen Formprinzip: dem Formprinzip der ‹Volkskunst› (*popular art*).

Freilich wäre es ungerecht, zu behaupten, daß Venturi – wie Banham für das Industrial Design – sich damit zufrieden gibt, den Konflikt zwischen diesen beiden verschiedenen Ansätzen zum Phänomen der Stadt aufzuzeigen, oder nur zu erklären – wie Banham es jetzt tut –, daß seine Sympathien der Pop-Art (im Sinne einer Volkskunst des Massenzeitalters) gehören. Venturi zielt weiter. Wenn er es auch nicht explizit äußert, so will er doch darauf hinaus, einen Mittelweg zwischen diesen beiden Tendenzen zu finden. Sein Vorschlag scheint recht klar: das Formprinzip der ‹Schönen Künste› müßte sich des Wahrnehmungsmodus der *popular art* bedienen. [95] Das meint Venturi mit dem Ausdruck «*learning from Las Vegas*». Das Verfahren bestünde darin, die Faktoren der ungeordneten Komplexität – sie stellen sich bei den heutigen städtischen Ballungszentren unvermeidlich ein und werden gewöhnlich als negativ beurteilt – in Faktoren schöpferischer visueller Mehrdeutigkeit zu verwandeln –, visuelle Mehrdeutigkeit hier als ein Phänomen verstanden, wie es in den Gemälden und Drucken von J. Albers auftaucht.

Dieser Gedanke wurde vom Architekten Amos Rapoport und dem Psychologen Robert E. Kantor aufgegriffen, um mit seiner Hilfe eine recht anspruchsvolle Theorie der Rolle der Mehrdeutigkeit in der Umweltwahrnehmung auszubauen. «Wir können uns eine Skala von Wahrnehmungsreizen vorstellen, die von Reizarmut [*deprivation*] (Monotonie) bis zur Reizsättigung [*satiation*] (Chaos) reicht. Im ersten Fall gibt es nicht genug zu sehen, auszuwählen und zu ordnen. Im zweiten Fall dagegen gibt es zu viel zu sehen; es fehlt eine Beziehung zwischen den Elementen, so daß man durch die Vielfalt überwältigt wird» [96]. Diesen Gedankengang entwickeln sie weiter und schlagen Venturi beipflichtend vor, eine Architektur zu schaffen, die gleich weiten Abstand zur Reizarmut wie zur Reizsättigung wahrt, das heißt eine Architektur der Mehrdeutigkeit.

Soweit wäre alles ganz verständlich, ja sogar überzeugend, wenn die Autoren nicht in der Mehrdeutigkeit den alleinigen Faktor zur Aufhebung der Reizarmut und nie einen Faktor sehen würden, der – über eine gewisse kritische Schwelle hinaus – selbst zur Reizarmut beiträgt.

Die jüngste ‹Psychologie der Neugier› hat experimentell ermittelt, daß Reizarmut und Reizsättigung nicht zwei fest umrissene Bereiche, zwei kontrastierende und getrennte Wirklichkeiten bilden, sondern im Gegenteil zwei Momente eines einzigen Wahrnehmungsprozesses [97]: das berühmte Wohnzimmer von Sarah Bernhardt ist trotz seiner mannigfachen Reize aller Art eher ein Beispiel der Reizarmut als der Reizübersättigung, oder genauer gesagt: die Sättigung ist so groß, daß sie in Reizarmut umschlägt. Mit anderen Worten: die Langeweile – «die Sehnsucht nach einem Inhalt», wie Marx sie nennt [98] – ist gegenwärtig sowohl in der Friedhofsruhe des Bildermangels wie im Karneval des Bildüberflusses anwesend.

Das große Problem von Las Vegas wie auch aller anderen Städte liegt nicht in der Gefahr, auf Grund von Reizmangel etwa der Reizarmut zu verfallen, sondern vielmehr in der Reizüberflutung. Anders als Venturi denkt, gilt von einer gewissen Schranke an: «*more* is *less*». All das macht seine Hartnäckigkeit unbegreiflich, immer neue Reize ergattern zu wollen und überall die Erzeugung neuer Erscheinungen mit Mehrdeutigkeitscharakter zu suchen.

An dieses Argument schließt sich ein weiteres, nicht weniger gewichtiges an. Bei seinem Vorhaben, den Formalismus derer zu verbannen, die er vage «orthodoxe moderne Architekten» nennt, glaubt Venturi, in Las Vegas die ‹Bedeutungsfülle› (*richness of meaning*) zu entdecken, die er ostentativ der ‹Bedeutungsprägnanz› (*clarity of meaning*) dieser Architekten vorzieht. [99] Nicht aus einem Kulturpuritanismus, sondern aus Treue zum kritischen Bewußtsein heraus, das wir nicht aufzugeben gedenken, müssen wir gestehen, daß wir Las Vegas nicht als ein Muster an

Bedeutungsfülle akzeptieren können. Im Gegenteil: nach unserer Meinung präsentiert Las Vegas ein Beispiel von Kommunikationsarmut, zu der eine Stadt verkommt, die ihrer willkürlichen Entwicklung überlassen ist und nur den Bedürfnissen der Fabrikanten von Leuchtreklameanlagen, den Interessen der Casino- und Motelbesitzer sowie der Grundstücksspekulanten dient.

In dieser orgiastischen Verbreitung von Leuchtreklame verflüchtigt sich die Venturi so teure Mehrdeutigkeit spurlos. Jedes Reklameschild ist hier eine stereotypisierte, kristallisierte Information, ein Bedeutungsträger, dessen Verfilzung mit dem, was es anzuzeigen, zu bezeichnen und zu bedeuten beansprucht, niemals in Frage gestellt wird. Daraus ergibt sich eine Oberflächenkommunikation ohne Dichte und Substanz: kurz, eine fiktive Kommunikation, eine Scheinkommunikation, nur Geschwätz, nur ‹Geräusch›. [100]

Coleridge schrieb, daß «alle Sprachen sich über einen Stufenprozeß der Entsynonymisierung von ursprünglich gleichbedeutenden Worten entfalten [101]. Dieser Satz, vor 150 Jahren von einem Dichter (nicht einem Sprachwissenschaftler) formuliert, erfaßt am genauesten die schöpferische Rolle der Mehrdeutigkeit in der Sprachdynamik.

In Las Vegas kommt es nie zum Prozeß der Entsynonymisierung, der Sinnausgliederung. Denn Las Vegas ist eine Stadt der *signs*, aber der unzweideutigen *signs*, ohne Möglichkeit einer ausscherenden Deutung. Und das deshalb, weil die Zeichen nicht leben, sondern Mumien sind: Zeichenembleme, die allein als stimulierendes Dekor für die pseudokommunikative Farce unserer Epoche dienen.

Venturi und mit ihm vielen Anhängern der Pop-Art kann man Konformismus ankreiden, Mangel an historischem Blick und kritischem Vermögen angesichts der Produkte der Kulturindustrie. [102] Er versichert: «Las Vegas wird hier allein als Phänomen der Kommunikation durch Architektur untersucht; seine Werte bleiben außer Betracht.» Auf diese Weise versucht er, der Identifikation mit dem von ihm beschriebenen Objekt zu entgehen; doch überzeugt er nicht. Ohne Venturi Unrecht widerfahren zu lassen: alles deutet darauf hin, daß er an Las Vegas glaubt. In seinem Artikel gibt er wiederholt zu verstehen, daß er nicht nur nicht diesen blendenden Dschungel von Reklametafeln verabscheut, sondern daß für ihn im Gegenteil Las Vegas die revolutionäre Wende in der Geschichte der menschlichen Umwelt markiert. Er sieht in Las Vegas das Ergebnis eines echten Ausbruchs der Kollektivphantasie. Aber hier irrt er: Las Vegas ist keine Schöpfung *der* Masse, sondern *für* die Masse. [103] Es ist ein – könnte man sagen – in seiner Art fast perfektes Endprodukt einer mehr als fünfzig Jahre andauernden, verschleierten, manipulierenden Gewalt, ein Produkt mit dem Zweck, eine scheinbar freie und spielerisch-leichte Stadtumwelt zu schaffen – ähnlich einem Lunapark –, in der aber die Menschen jeglichen Erneuerungswillens, jeglichen Widerstandes gegen die Auswirkungen der oben geschilderten pseudokommunikativen Vergiftung beraubt sind.

Die Unordnung von Las Vegas erscheint ihm nicht als solche; für ihn ist – den alten Bergson herbeizitierend – «die Unordnung eine Ordnung, die wir nicht sehen können». Wenn nun die Dichotomie Ordnung–Unordnung einen Gegenstand hochspekulativer Metaphysik abgeben kann (wie im Fall von Aristoteles, Augustinus, Thomas von Aquin, Spinoza und sicher auch Bergson), dann besitzt das Thema vom operativ-existentiellen Standpunkt aus erst recht eine Relevanz. Hinter dem heutzutage überall antreffenden Verkehrschaos kann sich sicherlich eine feinsinnige ‹Lebensordnung› à la Bergson verborgen halten: doch wer wie wir alle die physischen und psychischen Belastungen dieser Unordnung aushalten muß, der dürfte schwerlich irgendeine Form von Ordnung – Lebensordnung oder sonstiger Ordnung – hinter diesem Chaos verspüren.

Wenn Venturi von einer Stadt spricht (und darin kommt er Kevin Lynch sehr nahe), scheint er sich nur um die sichtbaren Aspekte zu kümmern, also um die Stadt als ‹Landschaft›, während er die Bedeutung der Stadt als ‹operativ-existentielles Territorium› vergißt oder unterschätzt. Er hat eine ausgeprägte Neigung, sich immer als Zuschauer, selten dagegen als Akteur in die Stadt zu versetzen. Bergson kann dem Zuschauer, nicht aber dem Akteur eine Hilfe sein.

Dem Akteur, dem Menschen, der sich in einer Stadt handeln und leben sieht, kann nur eine wissenschaftliche Problemstellung der Dichotomie Ordnung–Unordnung weiterhelfen. In der Wissenschaftstheorie wurde diese Dichotomie seit langem eingehend untersucht und erörtert. Die Polarisierung von Ordnung–Unordnung hängt untrennbar mit der Polarisierung Simplizität–Komplexität zusammen. [104] Die Umweltplanung kann nur Ordnung zum Ziel haben, da ihr Zweck immer darin besteht, jene Systeme auf die Stufe einer geordneten Komplexität zurückzuführen, die auf Grund ihrer Eigenart stets zu ungeordneter Komplexität, das heißt zu Komplikation streben.

16

In der naiven Begeisterung für Las Vegas (und ähnliche *existing landscapes*) manifestiert sich eine polemische Verzichthaltung, die sich jeder Form von Utopie im Bereich des Entwurfs begibt. «*Learning from Las Vegas*» beinhaltet also ein ganzes Programm; das Programm der Gegenutopie, des Gegen-‹Alles oder Nichts› der großen Idealmodelle. Unbestreitbar haben heute die visionären Entwurfsübungen für die Stadt der Zukunft – die *villes radieuses* alten und neuen Stils – ihre vorwärtstreibende Kraft eingebüßt, die sie ehemals besaßen. Ihre Vorschläge entbehren wirklich der Glaubwürdigkeit, weil sich inzwischen herausgestellt hat, daß sie nicht mehr ausgeführt werden können – zumindest nicht, ohne ihre ursprüngliche Absicht zu verwässern, zu versimpeln, zu schwächen, ja abzuwürgen. [105]

Darin haben die Verteidiger von Las Vegas recht, nicht dagegen in ihrer zentralen Konklusion, wenn sie behaupten, daß die bekannte, greifbare und ausführbare Dürftigkeit der noch unbekannten, hypothetischen und nicht-ausführbaren Vollkommenheit vorzuziehen sei.

Die Alternative zur abstrakten Utopie der Idealmodelle kann nicht in der rückhaltlosen Anbiederung an eine öde Wirklichkeit bestehen; vielmehr wird diese falsche Alternative mittels einer ‹Allgemeinen Theorie der Entwurfspraxis› oder – wenn man lieber will – einer ‹Entwurfspraxeologie› überwunden. [106] Diese wohlgegliederte Menge von Kriterien, die auf ein innovatives Handeln bezogen sind, sollte eine fruchtbare Verbindung zwischen ‹kritischem Bewußtsein› und ‹Entwurfsbewußtsein› im spezifischen Kontext der spätkapitalistischen Gesellschaft herzustellen helfen; eine Verbindung also einerseits zwischen den Bedürfnissen des kritischen Bewußtseins, das nicht auf Kritik verzichten kann, ohne als Bewußtsein sich zu durchkreuzen, und andererseits den Bedürfnissen des Entwurfsbewußtseins, das nicht seinen Willen zum ausführenden, realisierenden Handeln verleugnen kann, ohne es zu verstümmeln – eine Verbindung zwischen der positiven Negativität der Kritik und der negativen Positivität des Entwurfs.

Das in dieser neuen Theorie angelegte Programm erinnert an die «konkrete Utopie» von Bloch. Die Berufung auf Bloch ist nicht aus der Luft gegriffen; denn es gibt da wirklich eine Verbindung, wenngleich nicht im Sinne einer Kontinuität, sondern eher im Sinne einer dialektischen Gegenstellung. Die neue Theorie will nichts weniger als die von Bloch vorgetragene Beziehung zwischen utopischer und konkreter Komponente radikal umstülpen, indem sie dahin drängt, die utopische, also spekulative Komponente abzubauen und die konkrete, das heißt technische Komponente anzuheben.

Zum besseren Verständnis des Programms der neuen Theorie wäre jetzt einen Augenblick innezuhalten, um die Gründe zu entfalten, derentwegen die ‹konkrete Utopie› einerseits als zu utopisch und andererseits als zu wenig konkret betrachtet wird. Obgleich die Theorie von Bloch deutlicher als andere Programme die Verschränkung von Utopie und Wirklichkeit zum Ausdruck bringt [107], spreizt sie sich gegen den Versuch, sie in den Bereich der kontingenten Wirklichkeit zu übertragen. Das nun nimmt sich besonders paradox bei einer Theorie der Antizipation aus, die im Unterschied zu anderen sich als «Praxis der konkreten Utopie» [108] begreift, also als Theorie, die eine Leitfunktion im Realverlauf der Geschichte ausüben will.

Man darf gewiß schon einen erheblichen Fortschritt in der Feststellung sehen — wie Bloch sie auf den Spuren von Marx getroffen hat —, daß das kritische Bewußtsein Grundtrieb der auf die Zukunft vereidigten Praxis ist. Doch kann es damit nicht sein Bewenden haben. Der nächste Schritt nach vorn, vor dem Bloch zögerte, bestünde in der Einsicht, daß kritisches Bewußtsein, sofern es im Reich des Handelns effektiv wirken will, auch kritisches Bewußtsein der technischen Machbarkeit sein muß.

In unserer Kultur läßt sich schwerlich eine Praxis ernst nehmen, die sich nicht in Termini technischer Machbarkeit zu erklären wagt und die allein aufs Kategoriale und nicht aufs Empirische hin sich bezieht. In dem Buch ‹Das Prinzip Hoffnung› sucht Bloch hartnäckig einen Begriffsraum zu finden, der abgedichtet wäre gegen die angrenzenden Eindringlinge sowohl des traditionellen Utopismus wie auch Empirismus. «An den Dingen zu kleben, sie zu überfliegen, beides ist falsch», sagt er. [109] Doch trotz seiner sprichwörtlichen spekulativen Geläufigkeit scheitert Bloch bei seinen wiederholten Versuchen, eine operable, das heißt in Handlung umsetzbare Version seiner Theorie zu liefern. Der Gefahr, in den traditionellen Utopismus zurückzufallen, entgeht er insofern, als er «konkrete Utopie» wesentlich als «kritische Analyse des Gegenwärtigen» [110] faßt. Hingegen verleitet ihn sein polemisches Eifern gegen jede Form des Empirismus dazu, die Verankerung jeder Antizipation im Objektiven zu übersehen, die zur Wirklichkeit drängt. [111]

Weit verbreitet ist in jüngster Zeit die Vorstellung, daß ‹konkrete Utopie› eine Art von utopischem Eingriff, also Utopie in Aktion sei. Nach unserer Meinung handelt es sich dabei um eine grundlose Gleichsetzung. Der Utopie Blochs fehlen alle Voraussetzungen für eine Rolle dieser Art. Man darf sich folgendes gegenwärtig halten: während sich ‹konkrete Utopie› aus hehrer Höhe feindselig gegen jeden zu engen Kontakt mit der kontingenten Welt sträubt – und das genau aus dem Grunde, um sich dem eventuellen Einfluß eines Empirismus zu entziehen, den man nicht vom Opportunismus unterscheiden will –, kann dagegen der Utopie-Eingriff zu einem solchen nur werden in dem Maße, wie er fähig ist, massiv in die Welt der Kontingenz einzubrechen und seine spezifische Aufgabe der Innovation, ja Revolution voranzutreiben, nach Vorgabe des Empirismus freilich, aber deshalb noch längst nicht Opportunismus. Und weiter: während die ‹konkrete Utopie› eine zukünftige Instanz – einen unbestimmten Sozialismus – mit der Aufgabe betraut, a posteriori die Stichhaltigkeit ihrer Hypothesen unter Beweis zu stellen, erledigt der Utopie-Eingriff dagegen von vornherein (oder zumindest während seines Handlungsverlaufs) diese Aufgabe.

Da wir die ‹konkrete Utopie› nicht mit dem Utopie-Eingriff ineinssetzen, muß jetzt besonders hervorgehoben werden, daß wir gerade die Konkretheit der ‹konkreten Utopie› in Zweifel ziehen. Denn es leuchtet unbestreitbar ein, daß sich die Konkretheit einer Utopie nur im Kontext des Handelns bewähren kann; genauer: im Kontext eines effektiven Handelns. Damit kehren wir zum oben gestreiften Problem der technischen Machbarkeit zurück. Die ‹konkrete Utopie› hat ihren konkreten Charakter eingebüßt, weil sie ihren Diskurs nicht technisieren wollte, also weil sie sich nicht darüber auslassen wollte, mit Hilfe welchen Instrumentariums (Handlungen, Verfahren oder Stratageme) sie den verstockt-zähflüssigen Gang der Geschichte umzulenken gedenkt.

Wir haben von der dringenden Notwendigkeit einer ‹Allgemeinen Theorie der Entwurfspraxis› gesprochen; dieser wäre aufgegeben, den kategorial und vor allem operativ prekären Charakter der ‹konkreten Utopie› zu überwinden. Doch wäre hier anzuerkennen, daß sich die begriffliche Ausarbeitung einer solchen Theorie – entgegen unserer ersten Annahme – nicht allein mittels einer kritischen Überprüfung der ‹Utopie› von Bloch bewerkstelligen läßt. In diesem Augenblick ist es vielleicht wichtiger, eine neue Variante der ‹konkreten Utopie› zu zitieren, die allerdings zu der vorher erläuterten Variante in dialektischem Gegensatz zu stehen vorgibt. Wir meinen jene ‹konkrete Utopie›, die (unter diesem oder jenem Namen) in einigen Richtungen der Jugendrevolte als der große Versuch der ‹Konkretisierung› der ‹konkreten Utopie› gefeiert wird.

Dem Anschein nach bildet die neue Version das Gegenstück zur anderen: während die traditionelle ‹konkrete Utopie› – wie eben geschildert – ihrem Charakter als Utopie in Aktion keine Glaubwürdigkeit verleihen kann, will sich dagegen die neue ‹konkrete Utopie› ausschließlich als Utopie in Aktion verstanden wissen. Während die erste die Rolle des Planens und Entwerfens in der Welt für sinnvoll hält – also mit den Worten Blochs «die Welt als konkretes Entwurfsfeld» begreift –, verneint die zweite dogmatisch diese Rolle. [112]

Freilich schrumpfen diese Meinungsverschiedenheiten erheblich zusammen, wenn man gewahrt, daß beide Versionen der ‹konkreten Utopie› in einem wesentlichen Punkt gleichziehen: in der gemeinsamen tiefwurzelnden Abscheu gegen jegliche Form angewandter Rationalität und technischer Abwägung der Stichhaltigkeit ihrer Hypothesen. Bei der Analyse der ‹konkreten Utopie› Blochs hatte sich bereits herausgestellt, daß die Konkretheit des utopischen Diskurses ohne technische Bewertungskriterien im Fiktiven verharrt. Das gilt auch für die sogenannte Utopie in Aktion; aber die sich daraus für sie ergebenden Folgen wiegen schwerer: für ein spekulatives Gebilde, worum es sich im Grunde bei der Utopie Blochs handelt, erweist sich der Verlust der Konkretheit als allein philosophisches Mißgeschick, während dieser Verlust die Utopie in Aktion in eine Notlage versetzt, die den Kern ihrer Daseinsberechtigung angreift.

Es verstößt wirklich gegen den Sinn einer Utopie, die eine Aktion proklamiert, gerade im Handlungsbereich sich mit Schweigen zu bescheiden. Und genau das geschieht. Das Schweigen über das technische Wie läßt die Konkretheit verdorren und bringt unversehens die Aktion zum Schweigen; und all das unter unmerklicher Beihilfe des Schweigens der Logik. [113] Das beste Mittel, um herauszufinden, ob eine Utopie in Aktion diesen Namen verdient und ob wir es mit einer Wirklichkeit oder mit einer bloßen verbalen Velleität zu tun haben, besteht darin, sie auf ihre Konkretheit hin abzuhorchen, das heißt den Grad technischer und logischer Stimmigkeit ihrer operativen – sei es lang-, sei es kurzfristigen – Vorschläge zu überprüfen. Zweifelsohne überstehen sehr wenige Utopien in Aktion diese Prüfung mit Erfolg. Freilich nicht jener bis jetzt abgehandelte Typ von Utopie in Aktion, deren eingehendere Überprüfung gewöhnlich auf äußerst beschämende Weise jede ‹Konkretheit› im oben erwähnten Sinn Lügen straft.

Hier mag ein Beispiel von Nutzen sein: in der Zeitschrift *Kursbuch* wurde vor zwei Jahren ein Gespräch zwischen H. M. Enzensberger und R. Dutschke, B. Rabehl und Ch. Semler über das Thema veröffentlicht: «Gibt es für hochindustrialisierte Länder eine revolutionäre Zukunft?» [114] Als am Ende des Gesprächs Enzensberger bei seinen Gesprächspartnern auf größere Konkretheit drängt und sie auffordert, Lösungen für die spezifischen Probleme der Zukunft Berlins vorzuschlagen, werden peinlich enttäuschende Antworten gegeben: entweder werden Rezepte eines plumpen und banalen ‹gesunden Menschenverstandes› aufgetischt, die sich in nichts vom traditionellen Reformismus unterscheiden, oder aber man versteigt sich dagegen zu solch spekulativ-gewagten Hypothesen, daß es unmöglich ist, auszumachen, auf welche konkreten Sachgegebenheiten sie aufbauen.

Einem möglichen Mißverständnis wäre vorzubeugen. Nicht stehen hier die intellektuelle, persönliche oder politische Integrität dieser Gesprächspartner zur Debatte; vielmehr wäre die instrumentelle und somit operative Schwäche des Verhaltensmodells herauszustellen, das ihre Aktion leitet. [115] Anders gesagt: zur Debatte steht jener Typ der Utopie in Aktion, die alle ihre Kräfte in der Agitation verschleißt, wonach sie sich gegenüber der Problematik des Hier und Jetzt nur stammelnd, linkisch und erfahrungsfremd aufzuführen weiß.

Eine Utopie in Aktion diesen Zuschnitts ist bereits von vornherein zum Scheitern verurteilt, und zwar wegen ihrer dünnblütigen Rationalität, mit der sie den Beweis ihrer Konkretheit antritt. Mit anderen Worten: das von ihr versprochene Paradies ist schon vorab ein verlorenes Paradies.

In einem vorangehenden Kapitel hatten wir gesehen, daß der Rationalität in ihrer am stärksten verfälschten Form, das heißt als ‹bürgerliche Kälte›, nicht ohne Grund vorgehalten wird, ein Werkzeug der repressiven Macht gewesen zu sein und es noch zu sein. Doch daraus wäre nicht vorschnell zu folgern – wie es einige Theoretiker der totalen Verneinung tun –, daß im Verzicht auf jegliche Form von Rationalität das einzige Mittel gegeben wäre, uns vor möglichen neuen Gewalttaten der ‹bürgerlichen Kälte› zu bewahren.

In diesem Fall träte genau das Gegenteil dessen ein, was man beabsichtigt; denn solches Vorgehen kommt der ‹bürgerlichen Kälte› höchst zupaß, insofern es ihr eine immer größere Handlungsfreiheit in der Praxis ihrer schiefen Rationalität verschafft.

Genaugenommen gewinnt eine Utopie in Aktion nur dann verändernde Kraft, wenn unser Vertrauen in die revolutionäre Rolle der angewandten Rationalität von Grund auf wieder aufgebaut wird. Nur in diesem Kontext füllt sich der Begriff ‹Entwurfspraxis› mit Gehalt, und nur wenn wir uns nicht unbedacht dessen begeben, was dazu beitragen könnte, die Reflexion der Beziehung zwischen Planung und Entwurf einerseits und Revolution andererseits in aller Ausführlichkeit und Breite wieder fortzusetzen.

Mehrmals haben wir uns in diesem Essay über die irreleitende Ansicht geäußert, daß Planung und Entwurf Revolution sei oder daß sie eine Alternative zur Revolution bilden – zwei Annahmen, die von einem bestimmten Standpunkt aus gesehen auf dasselbe hinauslaufen. Doch damit sollte unter die Erörterung kein Schlußstrich gezogen sein. Unsere Absicht ging darauf, die Komplexität dieses Themas aufzuweisen und somit der Selbstgefälligkeit vorzubeugen, die aus manchen allzu groben Vereinfachungen spricht.

Doch zumindest eins steht unumstößlich fest: die Reflexion über die Beziehung zwischen Planung und Entwurf einerseits und Revolution andererseits kann nicht als Alibi benutzt werden, den Beginn des breitangelegten Eingriffs der Umweltplanung zu vertagen, von der das Geschick der Menschengattung abhängen kann. Wir hoffen, deutlich gemacht zu haben, daß Verkümmerung und Zerstörung unserer Umwelt derartig fortgeschritten sind, daß jeder weitere auch noch so kurze Aufschub die Möglichkeit unseres Überlebens ernsthaft in Frage stellen kann. Wir sind deshalb gezwungen, diesen Eingriff einzuleiten, auch wenn die oben erwähnte Beziehung noch nicht in aller Klarheit herauspräpariert ist.

Obgleich der Aufruf zu einem unmittelbaren Tun unter den augenblicklichen Umständen vollauf gerechtfertigt ist, entgeht uns nicht die Fragwürdigkeit der damit ins Spiel gebrachten Gedanken. Man kann zunächst einwenden — und man wird es sicher tun —, daß unsere Haltung eine der Versöhnung sei; anders gesagt: daß wir im Namen einer bedrängenden Umweltsituation geschwind einen Wechsel auf eine neue Art von Vermittlungsideologie auszustellen trachten. Die Kritik trifft, da sie eine recht verletzliche Stelle unseres Gedankengangs bloßlegt: den Anspruch, daß die Planungs- und Entwurfstätigkeit eine relative Autonomie zur Innovation gegenüber den hauptverantwortlichen Instanzen unseres heutigen Umweltverschleißes genießt.

Die damit zitierte Problematik ist sicher nicht neu; denn im Grunde handelt es sich um die bis heute nicht zu umgehende philosophische Klippe, der sich in den vergangenen 25 Jahren alle gegenüber befanden, die eine Weltveränderung anstrebten, ohne ihr eigentliches Metier zu wechseln. Wenn ein Entwerfer, zum Beispiel ein Industrial Designer, überzeugt ist, als Entwerfer zur Veränderung der Gesellschaft beitragen zu können, dann vermag er so nur zu handeln in dem Maße, wie er an eine relative Autonomie seiner Arbeit zur Innovation glaubt. Wie wir bereits gesehen haben, ist es falsch, anzunehmen, daß der Entwurf eine Alternative zur Revolution bildet; doch ebenso falsch ist es, dem Entwerfer jegliche Form von Autonomie abzusprechen. Es fehlt heute nicht an denen, die — als Spätepigonen eines Vulgärmarxismus traurigsten Gedenkens — es sich angelegen sein lassen, jene Intellektuellen als versöhnlerisch abzukanzeln, die eben als Intellektuelle «eine der Gesellschaft verpflichtete und fortschrittliche Rolle» [116] zu entwickeln sich bemühen. Diese Kritiker würden das Problem auf die einfachste Art lösen, indem sie ihm Legitimität absprechen; doch das ist ein Weg, das Problem nicht zu lösen; denn allem zum Trotz existiert es weiter.

Wie es auch immer sein möge, der Entwerfer muß handeln, er muß ein für allemal den ‹Wartesaal› verlassen, in dem bis jetzt zu verweilen er gezwungen war. Er müßte handeln, auch wenn eine Frage immer offen bleibt: ob sich nicht am Ende die Autonomie wirklich als eine Illusion entpuppt. Unter solcher Bedingung läßt sich die Aufgabe des Entwerfers schwierig, ja verdrießlich an. Doch darüber wäre nicht zu staunen. E. Vittorini äußerte einmal, fast ohne Bitterkeit: «Der Intellektuelle [*uomo di cultura*] wird in jeder Umwelt auf eine harte Probe gestellt» [117]. Hinzufügen ließe sich: vor allem, wenn es — wie im Fall des Entwerfers — zu seinem Metier gehört, jegliche Umwelt auf eine harte Probe zu stellen.

Nachwort

Der Skandal der Gesellschaft gipfelt nun im Skandal der Natur. Das Bild hat sich abgerundet: mit Fug und Recht kann man nun behaupten, daß Gesellschaft und Natur unter denselben Problemhorizont fallen. Entgegen der einstigen Annahme gibt es nicht zwei verschiedene Buchführungen: auf der einen Seite die Konten der Gesellschaft, auf der anderen Seite die Konten der Natur. Eines hat sich klar herausgestellt: wenn die Konten der Gesellschaft nicht stimmen, so ebenfalls nicht die der Natur. Doch umgekehrt gilt das gleiche. Umgeben von einer Natur im Krisenzustand, einer Natur mit allen Anzeichen einer Frühsenilität, begibt sich die Gesellschaft jeglichen auf die Zukunft gerichteten Antriebs. Keiner will etwas von einer solchen zukunftslosen Zukunft wissen. Denn niemand kann die Augen verschließen vor folgender Tatsache: im Moment, da die Natur denaturiert sein wird bis zu dem Punkt, menschliches Leben auf dem Planeten nicht mehr gewährleisten zu können, büßt die Gesellschaft ihren Sinn ein. Doch diese Deutung, so sehr sie auch stimmen mag, endet damit, jegliche Handlungsmöglichkeit gegen den Skandal der Natur zu vereiteln. Sie fördert eine passive Resignation. Das trifft auch für die Neigung zu, die Ursache dieses Skandals einem dem Menschen angeborenen, unersättlichen Raubverhalten zuzuschreiben. Zweifelsohne darf man in vielen der heute (und in der Vergangenheit) an der physischen Umwelt verübten Gewaltakte — zumindest zu einem Teil — einen Ausfluß unseres aggressiv-destruktiven Triebpotentials sehen. [118] Doch nichts wäre abwegiger, als die Rolle dieser metageschichtlichen Faktoren zu verabsolutieren. Es spielen da auch geschichtliche Faktoren mit hinein, das heißt die bedingenden und determinierenden gesellschaftlichen Umstände. Die rastlose Plünderung, wie sie in den letzten zwei Jahrhunderten an der Natur verübt wurde, bliebe unverständlich, wenn man nicht eingehend die Wirkungsweise dieser geschichtlichen Faktoren analysieren würde. Woraus folgt, daß die Frage nach dem Skandal der Gesellschaft sich vor die Frage nach dem Skandal der Natur schiebt. [119]

Ist die gegenwärtige Mobilisierung der Öffentlichkeit in Sachen Umweltverschmutzung dieser Spur gefolgt? Mitnichten. Soweit diese Mobilisierung von oben ausging, war sie darauf gerichtet, zu verhindern, daß die Problematik der Verunreinigung unseres Milieus sich zu einer Problematik der Gesellschaft hin entwickelt. Zu diesem Zweck hat man sich — bis heute mit Erfolg — eines besonders perfiden Verfahrens bedient: eine derart grundlegende Problematik in ein Modethema, also ein schnell verblassendes Phänomen zu verwandeln. So kommt es zu der mißbräuchlich so genannten ökologischen Mode. [120] Die Mechanik der Mode – aller Moden – ist wohlbekannt. Man greift ein Thema auf, feiert es einige Monate, und bald danach läßt man es fallen, verurteilt es zu einem Kellerdasein. Kurzerhand erklärt man es für passé. Verflüchtigung mittels Verbreitung; Entschärfung mittels Zerstreuung. Der schnellste Weg, ein umstrittenes Thema dem öffentlichen Interesse zu entziehen, besteht darin, alle Welt zur unablässigen Beschäftigung mit ihm anzuhalten. Die ökologische Mode bietet uns heute ein klares Beispiel dieser Mechanik. Auf dem Siedepunkt der Propaganda beginnt sie heute zu verdunsten, und das Dröhnen der für sie eingespannten Rotationspressen übertönt paradoxerweise ihre Stimme. In kurzer Zeit wird sie ihren Lebenszyklus vollendet haben: ein Phänomen der Außenwelt, das für uns Grund schmerzender Besorgnis bildete, wird endgültig verinnerlicht sein. Man wird nicht mehr darüber reden. Es wird nicht mehr ‹existieren›, doch nur auf der entfremdenden Ebene der Sublimierung, nicht auf der Ebene der Wirklichkeit. Wenn die ökologische Mode nunmehr der Furie des Verschwindens überantwortet ist, bedeutet das durchaus nicht, daß dem Verfall unserer Biosphäre Einhalt geboten wäre oder daß man nahe daran sei, ihm Einhalt zu gebieten. [121] Die Probleme bleiben offen, vielleicht offener als sie es je vor der ökologischen Mode waren.

Zuzugeben ist aber, daß diese Mode zumindest einen positiven Effekt hatte: sie hat ein ökologisches Bewußtsein gebildet. Zur Zeit schwebt dieses Bewußtsein noch im Unverbindlichen, läßt sich also ohne große Umstände einschläfern. Doch kann man sich vorstellen, daß es nach Abklingen der Mode möglich sein wird, die Anstrengungen fortzusetzen, die ein wesentlich kritisches ökologisches Bewußtsein erzeugen werden – kritisch gegenüber dem Skandal der Gesellschaft.

Das sind meine Bücher . . .

. . . erklärte er einem Freund, auf seine technischen Apparate und anatomischen Präparate zeigend. Bücherweisheit war es nicht, was den Mann, von dem hier die Rede sein wird, zu einem der größten Denker machte – er besaß nur sechs Bücher; am Geld lag's nicht. Er stammte aus altadliger, wohlhabender Familie, studierte an «einer der berühmtesten Schulen Europas», wie er selbst sagte, gab aber das Studium der Wissenschaften auf, als er aus der Schule trat. Er wollte zuerst «die Komödie des Lebens» studieren, vergnügte sich ein paar Jahre mit Freunden in Paris und zog dann mit verschiedenen Heeren durch die Lande, zuerst unter Moritz von Nassau, der ihm aber keinen rechten Krieg bieten konnte. Er trat dem bayerischen Heer bei, bis zur berühmten Schlacht am Weißen Berge. Und da, in Neuburg an der Donau, in der Nacht des Martinstages und «in einem gut geheizten Raum», hatte er einen Traum, der ihm «die Fundamente einer wunderbaren Wissenschaft» bescherte. Darauf hatte er schon gewartet; zum Dank erfüllte er später sein Gelübde, eine Wallfahrt nach Loretto – ein seltsamer Widerspruch für diesen Mann. Den größten Teil seines restlichen Lebens, fast zwanzig Jahre, verbrachte er nun in Holland. Er verfaßte ein großes wissenschaftliches Werk, vernichtete aber das Manuskript, als er erfuhr, wie es einem Kollegen vor einem Kirchengericht ergangen war. Die nächste Schrift veröffentlichte er anonym, erst das dritte Werk erschien unter seinem Namen und löste heftige theologische Streitereien aus, zur Verwunderung des Autors, der der Kirche einen Dienst hatte erweisen wollen.

Des Streits wohl müde, folgte er einem Ruf in ein «Land der Bären, zwischen Felsen und Gletschern», als Privatlehrer der Königin. Finanzielle Gründe waren es nicht, denn aus dem Verkauf eines Gutes bezog er eine Jahresrente von 6000–7000 Franc; außerdem erhielt er eine Pension des französischen Königs. Die Entscheidung war fatal: Der zeitlebens freie Mann mußte in dem kalten Land frühmorgens um fünf die erste Lektion erteilen. Er erkältete sich, zog sich eine Lungenentzündung zu und starb, erst 54 Jahre alt. Von wem war die Rede?
(Alphabetische Lösung: 4–5–19–3–1–18–20–5–19)

Anmerkungen

1] Der Begriff ‹menschliche Umwelt› ist im vorhinein näher zu bestimmen. Nach traditioneller, aber auch sachlich treffendster Weise wird die Umwelt des Menschen im Vergleich zur Umwelt der Tiere definiert. Während Tiere nur eine Umwelt haben, verfügen die Menschen über eine ‹Artefaktenumwelt›. Diesen Sachverhalt umschrieb A. Gehlen mit folgenden Worten: Tiere haben eine ‹Umwelt›, aber keine ‹Welt› (vgl. *Der Mensch*. Bonn 1955. S. 188). Die Umwelt des Tiers unterscheidet sich nach Gehlen von der Umwelt des Menschen durch den instrumentellen Charakter der letzteren. Die Welt des Menschen ist eine ‹Artefaktenumwelt›, eine künstliche, gemachte Umwelt. Hier wird der bereits zurückliegende Gedankengang (1934) des Biologen J. von Uexküll aufgenommen, wie er in dessen Buch ‹*Streifzüge durch die Umwelten von Tieren und Menschen — Bedeutungslehre*› (Hamburg 1956. S. 21) dargelegt ist: unsere Umwelt ist ein Artefaktensystem, das auf der einen Seite aus ‹Werkzeugen›, auf der anderen Seite aus ‹Merkzeugen› besteht. Anders formuliert: die Welt — die Kultur im anthropologischen Sinn — ist ein Gewebe aus Gegenstands- und Symbolartefakten, die wechselseitig voneinander abhängen und einander bedingen; vgl. L. A. White: ‹*The Science of Culture*› (New York 1949. S. 45): «Die Einführung von Symbolen, genauer Wortsymbolen hat im Verlauf der Artefaktenbildung das anthropoide Artefaktenverhalten in menschliches Artefaktenverhalten verwandelt.» Zum gleichen Thema siehe das Kapitel «Per uno schema omologico della produzione» im Buch von F. Rossi-Landi: ‹*Il linguaggio come lavoro e come mercato*› (Mailand 1968. S. 141 f). Zum Begriff ‹Umwelt› im Werk von E. Husserl vgl. E. Paci und P. A. Rovatti: ‹*Persona, mondo circondante, motivazione*› und S. Veca: ‹*Implicazioni filosofiche della nozione di ambiente*›, beide Artikel veröffentlicht in *Aut-Aut*, 105 und 106 (Mai und Juli 1968), S. 142–171 bzw. 172–182.

2] Diese Behauptung ist durchaus nicht dahingehend zu verstehen, daß der Gedanke der Umwelt nicht schon früher aufgetaucht sei. Wenn auch in verschiedenen Formen (und vor allem unter verschiedenen Namen), erscheint der Gedanke der Umwelt — freilich noch gleichsam in embryonischem Zustand — in den Erörterungen über das Wesen der Natur. Siehe die Untersuchung von R. Lenoble: ‹*Histoire de l'idée de nature*› (Paris 1969); hier zeigt sich in aller Klarheit, daß die Philosophen — von den Vorsokratikern bis zu den Aufklärern — immer wieder dieses Thema umkreist und intuitiv die Grenzen des Naturbegriffs erfaßt haben; sie versuchten, darüberhinauszustoßen und die Kluft zwischen der Wirklichkeit der Natur und der Wirklichkeit der Geschichte, zwischen Natur und Gesellschaft, zwischen Natur und ‹Menschennatur› zu überbrücken. Wenngleich der Umweltbegriff nicht ganz im Begriff der Natur aufgeht, die durch menschliche Praxis in Geschichte verwandelt wird, so ist doch ohne Zweifel in diesem Gedankenzusammenhang die moderne Auffassung von Umwelt entstanden und entfaltet worden (vgl. auch Alfred Schmidt: ‹Der Begriff der Natur in der Lehre von Marx›. Frankfurt a. M. 1962).

3] Mit dem Ausdruck «Wiederaufnahme der Debatte» wollen wir nicht auf den Gebrauch oder eher Mißbrauch anspielen, der heute durchweg mit dem Begriff Entfremdung getrieben wird; vielmehr beschränken wir die Erörterung ausschließlich auf die jüngst von einigen Marx-Forschern entwickelten Arbeiten, die das Thema auf eine strengere Ebene heben wollen. Ein Beispiel für diese Bemühungen liefert das Buch des Italieners G. Bedeschi: ‹Alienazione e feticismo nel pensiero di Marx› (Bari 1968). Gleiches gilt von zwei ebenfalls vor kurzem veröffentlichten Artikeln: der eine von V. L. Rippere: ‹Schiller and «Alienation». Towards a «Nettoyage de la Situation verbale» — Some Aspects of the 18th Century Background› in: Mosaic 2:1 (1968), S. 90–109; der andere von D. Vidal: ‹Un cas de faux concept: La notion d'alienation› in: Sociologie du Travail 11:1 (Januar–März 1969), S. 61–82. Der erste Artikel beschäftigt sich besonders eingehend mit der historischen Entwicklung des Entfremdungsbegriffs vor Hegel, Feuerbach und Marx, das heißt mit dem Gebrauch, den Rousseau, Herder, Schiller, Novalis und Fichte von ihm machten. Der zweite Artikel dagegen bietet ein Panorama der Ansätze, mit denen die Thematik vor allem seitens amerikanischer Soziologen der fünfziger und sechziger Jahre angegangen wurde wie D. Bell, M. Seeman, J. W. Evans, A. G. Neal, D. D. Dean, aber auch seitens einiger italienischer und französischer Soziologen der gleichen Periode wie G. Bonazzi und A. Touraine. Doch offensichtlich reichen die Rekonstruktion des historischen Verlaufs vor Hegel, Feuerbach und Marx und die gegenwärtige Aktualisierung des Themas — selbst im Lichte der neuesten soziologischen Richtungen — nicht aus, der Anforderung von Rippere nach einer «drastischen Säuberung einer Sprachsituation» Genüge zu leisten. Der Entfremdungsbegriff war schon bei Hegel zweideutig, und nicht weniger wurde er es bei Marx. Die Seiten Hegels, die der Analyse des «sich entfremdeten Geistes» gewidmet sind, gehören vielleicht zum Bestimmtesten und Deutlichsten seines gesamten philosophischen Werks, doch haben sie auch das nachhegelianische Denken vor die schwierigsten Probleme gestellt (vgl. G. F. W. Hegel: ‹Phänomenologie des Geistes› in: ‹Sämtliche Werke› Bd. II. Stuttgart 1964. S. 372 f). Der Versuch von Marx, den Diskurs Hegels umzustülpen, ohne die Termini zu wechseln, hat überraschende Folgen gezeigt. Auf der einen Seite wurde die Konkretheit des Entfremdungsbegriffs verstärkt; auf der anderen Seite enthüllte dieselbe Konkretheit noch mehr die begriffliche Zweideutigkeit (und auch das Schwanken), was schon bei Hegel zu bemerken war: vgl. K. Marx, ‹Zur Judenfrage› (1843) in: ‹Frühe Schriften› (Hg. von H. J. Lieber und P. Furth. Bd. I. Stuttgart 1962. S. 451 f). Im gleichen Band der ‹Frühen Schriften› (S. 559 f) s. ‹Zur Kritik der Nationalökonomie — Ökonomisch-

philosophische Manuskripte⟩ (1844). Bei Marx wird «Arbeit» bisweilen mit «Äußerung», «Selbsterzeugung», «Vergegenständlichung» gleichgesetzt; in anderen Fällen dagegen mit «Entäußerung», «Entfremdung», «Verdinglichung»; wenn Marx als Anthropologe und Ontologe an ⟨Arbeit⟩ denkt, dann durchweg mit positivem Akzent; wenn er dagegen als Ökonom und Revolutionär spricht, dann immer mit negativem Akzent. Diese begriffliche Zweideutigkeit ist bislang von keinem der bedeutendsten Marx-Kenner behoben worden. H. Marcuse hat als erster diese Thematik in den Jugendschriften von Marx verfolgt (s. seinen berühmten Artikel ⟨*Neue Quellen zur Grundlegung des historischen Materialismus*⟩ in: *Die Gesellschaft. Internationale Revue für Sozialismus und Politik* 9:2 [1932]). In diesem Text unternimmt Marcuse eine Analyse der subtilen Implikationen des Entfremdungsbegriffs von Marx, und zwar an Hand der verschiedenen von Marx benutzten Ausdrücke: zum Beispiel der Unterschied zwischen «Verdinglichung» und «Vergegenständlichung». Derselbe Autor hat dieses Thema später (1941) noch einmal aufgenommen in seinem Buch ⟨*Reason and Revolution – Hegel and the Rise of Social Theory*⟩ (2. Aufl. London 1969. S. 273 f). Ein weiterer besonders erwähnenswerter Beitrag stammt von G. della Volpe: ⟨*Per la teoria di un umanesimo positivo*⟩ (Bologna 1949). Die umfassendste Untersuchung über die Entfremdung ist immer noch die Dissertation von H. Popitz: ⟨*Der entfremdete Mensch – Zeitkritik und Geschichtsphilosophie des jungen Marx*⟩ (Basel 1953); vgl. auch G. Lukács: ⟨*Der junge Hegel und die Probleme der kapitalistischen Gesellschaft*⟩ (Berlin 1954. S. 680 f). Bei allen diesen Veröffentlichungen zeigt sich die große Schwierigkeit, eine einheitliche Fassung des Entfremdungsbegriffs auszuarbeiten. H. Lefebvre hat sich bemüht, darzutun, daß eine Entfremdungstheorie noch nicht existiert und daß man, ausgehend von der dialektischen, im Ansatz von Marx implizit enthaltenen Zweideutigkeit, eine solche Theorie entwickeln könne. In seinem Buch ⟨*Critique de la vie quotidienne – Fondaments d'une sociologie de la quotidienneté*⟩ (Paris 1961) beschreibt Lefebvre den Prozeß «Entfremdung – Aufhebung der Entfremdung – Neue Entfremdung», das heißt den dialektischen Kreislauf des Entfremdungsprozesses. «Es ist schwer», so stellt Lefebvre zu Recht fest, «ein einfaches, objektives und allgemeingültiges Kriterium für Entfremdung zu finden. Diese Vielfalt spricht aber dafür, daß es möglich und unerläßlich ist, eine Entfremdungstypologie aufzubauen» (S. 216). Mit anderen Worten: für Lefebvre bringt die Vielfalt des Phänomens einen wesentlichen methodologischen Vorteil mit sich. Sein pluralistischer Ansatz erlaubt ihm, die verschiedenen Entfremdungstypen auszusondern; doch diese existieren nicht für sich getrennt: jeder – was auch seine Ursache sei – ist aktiv in den gleichen oben erwähnten dialektischen Zirkel eingelassen. Nach Lefebvre ist der dynamischste Faktor des Kreislaufs in der intersubjektiven Beziehung zu sehen. Dieser Faktor blockiert oder befreit, beschleunigt oder bremst den Fluß innerhalb des Kreislaufs. Dieser wenig orthodoxe Gesichtspunkt erweist sich heute als besonders fruchtbar und viel angemessener, zumal er unmarxistisch scheint. Man verfälscht Marx, wenn man ihm eine widerspruchsfreie, monolithische Deutung der Entfremdung anhängt. Freilich findet sich der Gedanke, daß der Ursprung der Entfremdung im Eigentumssystem zu suchen sei, in der Schrift ‹Zur Kritik der Nationalökonomie›; doch stoßen wir in demselben Text auf Begriffsnuancen, die gewöhnlich nicht hinreichend berücksichtigt werden. Nicht zu vergessen ist die radikale Emanzipationstheorie, in aller Deutlichkeit vorgelegt in der Schrift ‹Zur Judenfrage›, die eine indirekte Widerlegung der These enthält, daß mit dem Ende des Privateigentums an Produktionsmitteln, das heißt mit dem Ende des kapitalistischen Staates, der Mensch automatisch von jeder Form der Entfremdung befreit würde. In diesem grundlegenden Text schreibt Marx: «... so finden wir Bauers Fehler darin, daß er nur den ‹christlichen Staat›, nicht den ‹Staat schlechthin› der Kritik unterwirft, daß er *das Verhältnis der politischen Emanzipation zur menschlichen Emanzipation* nicht untersucht, und daher Bedingungen stellt, welche nur aus einer unkritischen Verwechslung der politischen Emanzipation mit der allgemeinen menschlichen erklärlich sind ...» (S. 456). «Die Grenze der politischen Emanzipation erscheint sogleich darin, daß der *Staat* sich von einer Schranke befreien kann, ohne daß der Mensch *wirklich* von ihr frei wäre, daß der Staat ein *Freistaat* sein kann, ohne daß der Mensch *ein freier Mensch* wäre» (S. 458) (Hervorhebungen im Original). Aufs Wesentliche gestrafft: die menschliche Emanzipation hinge also nicht von einer Befreiung von einer bestimmten Staatsform ab, sondern von jeder nur vorstellbaren Staatsform. Über das Thema ‹neue Entfremdung› in der sozialistischen Gesellschaft s. E. Fischer: ‹*Kunst und Koexistenz*› (Reinbek 1966. S. 103) und ‹*Auf den Spuren der Wirklichkeit*› (Reinbek 1968. S. 194 f). Im Rahmen dieser Anmerkung können wir nur andeutungsweise die Marxisten der zu Recht oder Unrecht sogenannten ‹strukturalistischen› Schule erwähnen. Ihnen zufolge handelt es sich bei der Entfremdung um ein Problem bar jeglichen wissenschaftlichen Interesses, um ein Scheinproblem, um eines der vielen ideologischen vormarxistischen Überbleibsel, die in die Schriften von Marx, oder genauer beim «jungen Marx», eingesprengt sind. Nichtsdestotrotz war es paradoxerweise gerade der bekannteste Vertreter dieser Richtung, Louis Althusser, der unwillentlich einen neuen Weg für die Entfremdungsdiskussion bahnte; indem er Marx mit seiner bizarren ‹symptômale› Methode liest, hat Althusser eine behutsame, aber höchst fruchtbare Interpretation der in dem Jugendmanuskript ‹*Zur Kritik der Nationalökonomie*› enthaltenen Erkenntnistheorie geliefert. Er hat von neuem die Frage nach der Beziehung zwischen Bewußtsein und Wirklichkeit aufgegriffen, wobei er den Erzeugnissen des Bewußtseins – und somit auch dessen ‹entfremdeten› Erzeugnissen – eine eigene und besondere Konkretheit zugesteht (s. L. Althusser, J. Rancière und P. Macherey: ‹*Lire le Capital*›. Paris 1967. Bd. I, S. 49 f).

4] Dem Zoologen E. Haeckel wird die Prägung des Ausdrucks ‹Ökologie› zugeschrieben; doch taucht dieser Ausdruck erst später, und zwar 1895, zum erstenmal in der Öffentlichkeit auf, und zwar in einer Arbeit des dänischen Botanikers J. E. B. Warming (vgl. G. L. Clarke: ‹Elements of Ecology›. New York 1954).

5] Der Ausdruck ‹Humanökologie› wurde 1921 von Park und Burgess eingeführt. Einen ausgezeichneten Überblick über diese neue Disziplin bietet das Buch von G. A. Theodorson: ‹Studies in Human Ecology› (New York 1961). Für die Untersuchung der psychologischen Aspekte der Humanökologie ist die in letzter Zeit entwickelte ‹ökologische Psychologie› zuständig, durch welche die schon von K. Lewin, E. Brunswick und F. Heider begonnene Wissenschaftstradition in allgemeinen Zügen fortgesetzt wird. Im folgenden einige unlängst zu diesem Thema veröffentlichte Arbeiten: E. P. Willems, ‹An Ecological Orientation in Psychology› in: Merril-Palmer Quarterly 11:4 (Oktober 1965), S. 317–343; S. B. Sells, ‹Ecology and the Science of Psychology› in: Multivariate Behavioural Research 1:2 (April 1966), S. 131–144; R. G. Barker, ‹Exploration in Ecological Psychology› in: American Psychologist (Januar 1965), S. 1–14.

6] Die amerikanischen Biotechniker L. J. Fogel, A. J. Owens und M. J. Walsh vertreten in ihrem Buch ‹Artificial Intelligence through Simulated Evolution› (New York 1966) die These, daß es sich bei der Erscheinung des menschlichen Bewußtseins ursprünglich nur um ein «Artefakt des Naturexperiments mit Namen Evolution» handelt. Es ginge also lediglich um eine Notmaßnahme, die von einer Natur im Katastrophenzustand ergriffen worden wäre. Das Bewußtsein wäre nur ein neuer Faktor gewesen, dessen Zweck genau darin bestanden hätte, als Nothelfer einzuspringen, um das Gleichgewicht eines ökologischen Systems wiederzugewinnen, das aus kaum zu ermittelnden Gründen unrettbar zu einer Globalkatastrophe verurteilt zu sein schien. Doch damit nicht genug. Nach Meinung dieser Biotechniker hätte der Mensch längst diese ihm von der ‹Evolution› anvertraute Aufgabe erledigt und stelle somit heute nicht mehr einen Ordnungsfaktor, sondern einen Störfaktor dar. Diesen Gedankengang weiterspinnend, entwickeln sie die Hypothese, derzufolge der einzige Ausweg aus einer ähnlichen Situation darin bestünde, daß die Natur ein neues Geschöpf (z. B. eine künstliche Intelligenz) zeuge, das den Menschen ersetzen könnte und einem ökologischen Universum mit anderen Anforderungen besser entspräche. Diese Theorie, so interessant sie sein mag, bedeutet in Wahrheit eine Rückkehr zur finalistischen Personalisierung der Natur, wie sie einen unzweideutig metaphysisch inspirierten Neovitalismus kennzeichnet (vgl. auch L. J. Fogel: ‹Biotechnology – Concepts and Applications› [Englewood Cliffs (N. J.) 1963], insbesondere das Kapitel «Human Decision-Making» [S. 324 f]). Es ist immerhin recht merkwürdig, daß diese neuen Anhänger des l'homme machine des großen La Mettrie (vgl. A. Vartanian: ‹La Mettrie's «L'Homme Machine»› [Princeton (N. J.) 1960]) als dogmatische Vertreter des modernen Neomechanismus in der Biologie sich zu der unglaublichsten Begriffsakrobatik versteigen, indem sie beispielsweise zur Verteidigung ihrer Theorien fast die gleichen Argumente von H. Driesch und H. Bergson und genau dieselben Argumente von P. Teilhard de Chardin (‹L'Avenir de l'homme› [Paris 1959]) anbringen: «Wir stellen uns vielleicht vor», schreibt Teilhard de Chardin, «daß die jetzt gereifte menschliche Gattung gerade ihren Höhepunkt erreicht. Und siehe da, was sich uns als noch keimhaft entdeckt. Jenseits des Menschlichen, das wir kennen, über Hunderttausende (oder wahrscheinlich Millionen) von Jahren breitet sich jetzt vor dem Blick der Wissenschaft eine weite, wenngleich noch dunkle Zone des ‹Übermenschlichen› aus . . .» (S. 383). Im Gegensatz zur Auffassung Teilhard de Chardins, demzufolge «der Mensch nichts anderes als die sich selbst bewußt gewordene Schöpfung ist», siehe die polemische Stellungnahme des englischen Biologen P. B. Medawar in ‹The Art of the Soluble› (London 1967. S. 73).

7] Zu den ersten, die den Wert der literarischen Beobachtung für eine aufschlußreiche wissenschaftliche Untersuchung bemerkt haben, gehört S. Freud. In seinem Artikel ‹Beiträge zur Psychologie des Liebeslebens› [1910] in: ‹Gesammelte Werke›. 4. Aufl. Frankfurt a. M. 1964, Bd. VIII) schreibt er: «Die Dichter verfügen über manche Eigenschaften, welche sie zur Lösung einer solchen Aufgabe befähigen, vor allem über die Feinfühligkeit für die Wahrnehmung verborgener Seelenregungen bei anderen und den Mut, ihr eigenes Unbewußtes laut werden zu lassen» (S. 66). Zum spezifischen Beitrag von Dostojevskij s. K. Lewin: ‹Principles of Topological Psychology›. New York 1963. S. 13. Zum Beitrag von Proust s. F. Heider: ‹The Description of the Psychological Environment in the Work of M. Proust› in: Psychological Issues 1:3 (1959), S. 85–107 (zuerst veröffentlicht in Character and Personality 9 [1941], S. 295–314): «Die Schriftsteller, die im Rufe stehen, gute Psychologen zu sein, können ihre Kenntnis der menschlichen Natur auf verschiedene Weise unter Beweis stellen . . . In dem Werk von Proust stoßen wir auf viele gemeinsame Berührungspunkte mit der akademischen Psychologie» (S. 85). Zur eingehenden Klärung der Bedeutung der ‹common-sense-psychology› s. a. F. Heider: ‹The Psychology of Interpersonal Relations›. London 1958. S. 5 f.

8] Bezüglich der Untersuchung der Welt des Films sind bis jetzt sehr aufschlußreiche Arbeiten geliefert worden, insbesondere vom makrosoziologischen Standpunkt aus (S. Kracauer, P. F. Lazarsfeld, Th. W. Adorno, L. Handel), vom Standpunkt der Psychologie der ästhetischen Wahrnehmung (R. Arnheim), vom Standpunkt der ikonographischen Analyse (E. Panofsky), vom Standpunkt der «philosophie du cinéma» (G. Cohen-Seat), vom Standpunkt der marxistischen Erkenntnistheorie (G. della Volpe) und der semiotischen Ästhetik (Ch. Metz, G. Dorfles, R. Barthes, U. Eco, J. Mitry, G. Bettetini). Es steht dagegen noch eine ‹Mikrosoziologie der Filmwelt› aus, das heißt eine gründliche Untersuchung über den Beitrag, den die Welt des Films zur Bestimmung des Verhaltens zu anderen und zu seiner Mikro-Umgebung beisteuert.

9] «Den Amerikanern», schreibt der Designer R. S. Latham, «entgeht offenbar eine solch einfache und mißverhältliche Beziehung wie die folgende: eine Frau mit 120 Pfund Gewicht setzt sich in ein 3000 Pfund schweres Auto, läßt den Motor ab, fährt fünf Straßenblocks weit, sucht einige Zeit nach einer Parklücke, geht durch einen Supermarkt, kehrt zum Wagen zurück, fährt wieder nach Hause und betritt ihr Heim – und all das, um einen kleinen Beutel mit Apfelsinen über eine Entfernung hin zu befördern, die sie zu Fuß in der Hälfte der Zeit hätte zurücklegen können» (‹The Artifact as a Cultural Cipher› in: ‹Who Designs America?›. Hg. von L. B. Holland. Garden City [N. Y.] 1966. S. 259).

10] Vgl. Th. Dobzhansky: ‹Mankind Evolving› (New Haven–London 1962. S. 89): «Der Mensch ist ein Teil seiner eigenen Umwelt: er beeinflußt sie, wie er auch durch sie beeinflußt wird.» Dieser Gedanke ist kürzlich unter einem besonders originellen Blickpunkt wiederaufgenommen und weiterentwickelt worden von S. Moskovici: ‹Essai sur l'histoire humaine de la nature› (Paris 1968).

11] Die Analyse von L. S. Feuer: ‹The Masochist Mode in Asian Civilisations› in: ‹The Scientific Intellectual› (New York 1963. S. 240 f) gibt keinen Grund zur Modifikation dieses Urteils. Seine Überlegungen, die sich hauptsächlich auf die Ansichten von J. Needham (‹Science and Civilization in China›. Cambridge 1954) stützen, treffen nur auf eine bestimmte Epoche der Geschichte Chinas und Japans zu. Übrigens hat J. M. Bocheński in der Einführung in die indische Logik (‹Formale Logik›. Freiburg i. B.– München 1956. S. 481 f) gezeigt, daß zwischen der Struktur der griechischen und indischen Logik trotz erheblicher Differenzen doch auch beträchtliche Ähnlichkeiten bestehen. In den vorgefaßten Meinungen über die abendländische und griechische Kultur stoßen wir auf die Gefahr einer falschen Verallgemeinerung. Als Beispiel sei die landläufige Deutung angeführt, daß der Fortschrittsbegriff für die ‹klassische Antike› völlig fremd gewesen sei; s. dazu das Buch ‹The Idea of Progress› von J. B. Bury (New York 1955 [1. Ausg. 1932]), das stellvertretend für diese Tendenz zitiert werden kann. In seinem Buch ‹The Idea of Progress in Classical Antiquity› (Baltimore 1967) hat L. Edelstein kürzlich gezeigt, daß der Ansatz von Bury einer Grundlage entbehrt (vgl. R. Mondolfo: ‹El infinito en el pensamiento de la antigüedad clásica› [Buenos Aires 1952]. In diesem Werk unternimmt der Verfasser eine ähnliche demystifizierende Analyse eines anderen weitverbreiteten Fehlurteils, daß die griechische Kultur den Begriff des Unendlichen nicht habe fassen können).

12] G. B. Vico: ‹Dell'antichissima sapienza italica› in: ‹Opere›. Hg. von R. Ricciardi. Mailand–Neapel 1953. S. 292.

13] E. Bloch: ‹Das Prinzip Hoffnung›. Frankfurt a. M. 1959 (Ausg. 1968).

14] S. Butler: ‹Erewhon and Erewhon Revised›. London 1965 (1. Ausg. 1872).

15] A. Schmidt: ‹Die Gelehrtenrepublik›. Karlsruhe 1957.

16] Unzweifelhaft ist der Entwurfswille feinfädig mit der Wirklichkeit der Wünsche verknüpft; vgl. V. Gregotti: ‹Il territorio dell'architettura› (Mailand 1966. S. 11): «Ich glaube nicht, daß man von Entwurf sprechen kann, ohne auch von Wunsch zu sprechen. Mittels des Entwurfs versuchen wir, unsere Wünsche zu befriedigen.» Damit rückt Gregotti das Entwerfen in den Zusammenhang eines Themas, das während mehrerer Jahre die Zentralproblematik der surrealistischen Ethik und Ästhetik bildete: der Wunsch als Triebkraft jeder Handlung, die das Leben ändern will; der Wunsch als Entwurfskraft, der früher oder später in Innovation einmündet. Mit anderen Worten: für die Surrealisten wären Wünsche immer potentiell revolutionär. «Der Mensch», sagt André Breton, «fügt und verfügt. Es hängt nur von ihm ab, ob er sich ganz gehören, das heißt, die jeden Tag furchterregende Zahl seiner Begierden im anarchischen Zustand halten will» (‹Die Manifeste des Surrealismus›. Reinbek 1968. S. 21). Aber Wünsche in «einem anarchischen Zustand halten» meint ja einen Entwurf, insofern damit der Wunsch nach einer Ordnung impliziert wird, die eine ständige Ausbreitung der Wünsche ermöglicht. Und diese erdachte Ordnung gerät immer mit einer anderen vorgegebenen Ordnung in Konflikt. Dazu die Antwort von Paul Éluard auf die berühmte «Enquète sur le désir»: «Der edelste Wunsch äußert sich darin, all die von der bürgerlichen Gesellschaft für die Befriedigung der körperlichen oder geistigen Vitaltriebe errichteten Hindernisse zu bekämpfen» (zit. nach ‹Éluard – Livre d'identité›. Hg. von R. D. Valette. Vevey 1967. S. 44). Wir finden die Vorläufer dieser Philosophie der subversiven Wünsche wie auch der amour fou im Dienste der Revolution unter den großen Häretikern des Romantizismus und Symbolismus des 19. Jahrhunderts: Pétrus Borel, Nerval, Baudelaire, Lautréamont und Rimbaud. Nach einer langen Periode historischer Repression haben diese Dichter zum erstenmal den Mut aufgebracht, den Wunsch zu preisen. Der Philosoph und Sklave Epiktet hatte geschrieben: «Was den Wunsch angeht, unterdrücke ihn – vorläufig» (‹Manuel›. Paris 1950. S. 22). Dieser Zusatz ‹vorläufig› hat seit je den Gelehrten ein großes Rätsel aufgegeben; man weiß nicht, warum Epiktet der Wunschunterdrückung diesen vorläufigen Charakter verleihen wollte. Vielleicht hatte er sich eine mögliche repressionsfreie Welt vorgestellt, in der man von Wunsch sprechen könnte, ohne auf den Entwurf zu rekurrieren.

17] C. W. Mills: ‹Power, Politics and People› (New York 1962). Zum erstenmal wurde der Artikel ‹Man in the Middle: the Designer› in der Zeitschrift Industrial Design (November 1958) veröffentlicht.

18] Vgl. G. C. Argan: ‹Strutture ambientali› in: Edilizia 14:17 (21. September 1968). In diesem Einführungsvortrag zum 17. Kongreß von Rimini verteidigt Argan die These einer irreversiblen Krise des Entwurfs von Industrieprodukten. Wörtlich heißt es bei ihm: «Der Entwurf von Industrieprodukten interessiert uns nicht mehr, er gehört einer überwundenen Epoche an; das ist eine verlorene Schlacht. Unsere Analyse muß freilich von der Krise des Design, vom Scheitern des Bauhausprogramms ausgehen» (S. 4). Auch bei B. Zevi treffen wir häufig eine ähnliche Einstellung. In seinem Artikel ‹L'orco conformista ha mangiato l'architetto› (in: L'Espresso 14:28 [14. Juli 1968], S. 20) spricht Zevi in der Tat von der «Erschöpfung einer aufs Gewerbe heruntergekommenen Disziplin: eben das Design». Der Inhalt einer solchen Behauptung läßt sich nicht leicht konkretisieren. Ohne Zweifel werden hier die Worte Entwurf und Design in einem höchst eigentümlichen Sinne gebraucht. Eine Industriegesellschaft ohne Entwurfseingriff in ihre Produkte – also ohne Entwurf oder ohne Design – ist undenkbar. Argan und Zevi dagegen sehen diesen Sachverhalt anders; für sie bildet der Entwurf von Industrieprodukten, das Design (oder besser das *product design*), nur einen subalternen zwergigen Abkömmling des Entwerfens; nur Machen, Aktion, der kein langer Bestand beschieden ist. In ihrer Deutung brechen unverkennbar die Spuren der Ästhetik Croces durch, derzufolge all das, was sich nicht dem Ausdruckswillen verdankt, eben auch nicht als ‹Kunst›, als kulturwürdiges Phänomen zu betrachten ist. Über die Beziehung Design–Kunst vgl. die Artikel des Verfassers ‹Design-Objekte und Kunst-Objekte› (in: *ulm 7* [Januar 1963], S. 18–22) und ‹Ist Produktgestaltung eine künstlerische Tätigkeit?› (in: *ulm 10–11* [Mai 1964], S. 74–76); vgl. auch Dino Formaggio: ‹L'idea di artisticità›. Mailand 1962. S. 237 f.

19] Th. W. Adorno: ‹Negative Dialektik›. Frankfurt a. M. 1966. S. 357; vgl. auch ‹Prismen – Kulturkritik und Gesellschaft›. München 1963. S. 68.

20] Ebenfalls in ‹Negative Dialektik› (a. a. O., S. 354). Der Gedanke der «bürgerlichen Kälte», wie Adorno sie versteht, kann bis auf Schiller zurückverfolgt werden. In der Schrift ‹Über die ästhetische Erziehung des Menschen› (in: ‹Gesammelte Werke›. Gütersloh 1958. Bd. V, S. 338) heißt es: «Der abstrakte Denker hat daher gar oft ein kaltes Herz, weil er die Eindrücke zergliedert, die doch nur als ein Ganzes die Seele rühren; der Geschäftsmann hat gar oft ein enges Herz, weil seine Einbildungskraft in den einförmigen Kreis seines Berufs eingeschlossen, sich in fremder Vorstellungsart nicht erweitern kann.»

21] Der cartesianische Topos von der regungslosen Weltbetrachtung («trockenen Blicks») wurde von der bürgerlichen Kultur im viktorianischen Zeitalter wiederaufgenommen. Implizit ist er in der Forderung der Präraffaelliten enthalten, «die Welt ohne Lider zu betrachten» (vgl. R. Runcini: ‹Illusione e paura nel mondo borghese da Dickens a Orwell›. Bari 1968. S. 27).

22] Dieser Faschismusbegriff steht im Gegensatz zu der von G. Lukács in dessen Buch ‹Die Zerstörung der Vernunft› (Berlin 1952) dargelegten Interpretation. Lukács behauptet, daß die philosophische Entwicklung in bruchlos-gerader Linie zum Faschismus geführt habe. Nach seiner Ansicht trägt die Verantwortung dafür einzig der (deutsche) Irrationalismus, dem er eine totale «Entwicklungseinheit» bescheinigt. Diese Entwicklung reicht von Schelling, Schopenhauer, Kierkegaard, Dilthey, Simmel, Spengler, Scheler, Heidegger, Jaspers, Klages, Weber, Mannheim bis zu . . . Rosenberg. Ein derartig kruder Schematismus von Lukács erinnert an das Buch des amerikanischen katholischen Philosophen G. Santayana: ‹El egotismo en la filosofia alemana› (Buenos Aires 1942), der – zwar von einem ganz anderen Standpunkt aus – versuchte, die Schuld am preußischen Kriegsabenteuer des Ersten Weltkriegs allein den Ideen von Goethe, Kant, Fichte, Nietzsche und Schopenhauer anzulasten.

23] M. Horkheimer und Th. W. Adorno: ‹Dialektik der Aufklärung – Philosophische Fragmente› (Amsterdam 1947). Die These von Horkheimer und Adorno ist einer harten Kritik unterzogen worden von seiten einiger Marxologen; vgl. L. Colletti: ‹Il marxismo e Hegel› (Bari 1969. S. 332 f), und G. della Volpe: ‹Critica della ideologia contemporanea› (Rom 1967. S. 61 f).

24] Die von Churchill am Westminster College in Fulton (Miss.) am 15. März 1946 gehaltene Rede wird von vielen Historikern als der ‹offizielle› Ausbruch des Kalten Krieges betrachtet. «Wenn es einen dritten Weltkrieg geben wird», schreibt D. F. Fleming, «dann liefert die Rede von Churchill in Missouri das erste Dokument zum Verständnis seiner Ursachen» (‹Storia della guerra fredda 1917–1960›. Mailand 1964. S. 446); vgl. zum selben Thema S. Segre: ‹Dalla sconfitta del nazismo alla logica dei blocchi militari› in: Critica marxista 4–5 (Juli–Oktober 1968), S. 112–138.

25] Über die ‹Déclaration universelle des droits de l'homme› s. die kürzlich veröffentliche Arbeit der UNESCO: ‹Le Droit d'être un homme› (Paris 1968).

26] Zitiert von G. Anders in ‹Der amerikanische Krieg in Vietnam oder philosophisches Wörterbuch heute› in: Das Argument 45:5–6 (Dezember 1967), S. 350.

27] Es sei hervorgehoben, daß hier der Begriff Grausamkeit sehr weit gefaßt, aber gleichzeitig sehr präzis ist. Jede auch unbewußte Zweideutigkeit kann einen da zum Komplicen werden lassen. Deshalb teilen wir nicht – trotz ihrer unbestreitbaren literarischen Gültigkeit – die Behauptungen von Antonin Artaud in seinen ‹Lettres sur la cruauté› (in: ‹Œuvres complètes›. Paris 1964. Bd. IV, S. 120 f): «Bei dieser Grausamkeit handelt es sich weder um Sadismus noch um Blut, zumindest nicht ausschließlich . . . Die Gleichsetzung von Grausamkeit mit Folterungen trifft nur einen Aspekt des Problems . . . Die Mühsal ist eine Grausamkeit; die durch Mühsal errungene Existenz ist Grausamkeit.» Keine Sprachakrobatik, keine noch so einfühlende Analyse kann die hartnäckige Konkretheit der Grausamkeit vergessen machen. Unsere Definition ist einfach, ja vielleicht banal, aber sicher nicht zweideutig. Für uns meint Grausamkeit einen Akt gewalttätiger Aggression seitens eines Individuums, einer Gruppe oder einer Gemeinschaft gegen ein anderes Individuum, eine andere Gruppe oder eine andere Gemeinschaft. Das Ziel der Grausamkeit – auch der sogenannten grundlosen Grausamkeit des Sadisten – besteht darin, einem anderen Menschen physischen oder moralischen Schaden zuzufügen. Der Unterschied zwischen physischer oder moralischer Grausamkeit beruht darauf, daß die erste niemals die zweite ausschließt, wogegen die zweite nur dann die körperliche Integrität der Person in Mitleidenschaft ziehen kann, wenn sie eine gewisse Schranke übersteigt. Außerdem gibt es die Grausamkeit gegen sich selbst, die oft nur eine sublimierte Form der gegen andere gerichteten Grausamkeit ist. Die offenste Form der Grausamkeit manifestiert sich in der Folterung: und gerade an der Folterung scheiden sich in aller Klarheit der totalitäre Zwangsstaat und der manipulierende totalitäre Staat. Im ersten Fall verträgt sich die Folter widerstandslos mit dem System – «Folterung: eine eigentümliche Art, Menschen zu befragen», schreibt Voltaire sarkastisch in seinem ‹Dictionnaire philosophique› –; im zweiten Fall ist sie nur ein sporadischer und immer ungewollter Rückfall in eine systemunverträgliche Prozedur. Der moderne totalitäre Staat, der zunächst ein Zwangsstaat ist, geht früher oder später in einen manipulierend-persuasiven Staat über. Diese Überzeugung vertritt J. Ellul in ‹The Technological Society› (New York 1967. S. 287): «Diese [Folterungen] kamen sicherlich vor; doch handelt es sich dabei um eine passagere, nicht wesentliche Eigenschaft des totalitären Staats . . . Folterung und Ausschreitungen sind Handlungen von Personen, die sie als ein Auslaßventil für unterdrücktes Machtbedürfnis benutzen. Das kümmert uns in diesem Zusammenhang nicht besonders, insofern es nicht das wahre Gesicht des totalen technisch-totalitären Staates zeigt. In einem derartigen Staat gibt es nichts Nutzloses; keine Folterungen; denn Folterungen bedeuten körperliche Energieverschwendung, die einsparbare Ressourcen zerstört, ohne nützliche Resultate zu erzeugen.» Wenn Ellul recht hat, wird sehr wahrscheinlich die Folter verschwinden, aber die Grausamkeit wird überleben.

28] G. Bataille: ‹L'Expérience intérieure›. Paris 1954. S. 230.

29] Den Surrealisten wurde wegen ihres Kults des ‹Schwarzen Humors› wiederholt protofaschistische Ideologie vorgehalten. Wir stimmen dem nicht bei; vielmehr glauben wir, dem ‹Schwarzen Humor› der Surrealisten positive Seiten abgewinnen zu können, und zwar vor allem als Gegenmittel zum ‹Weißen Humor›, bei dem es sich oftmals nur um eine Ausfluchterscheinung dreht. Doch gibt es bei einigen Surrealisten eine Art von ‹Schwarzen Humor›, der schwerlich einer peinlichen Beurteilung entgehen dürfte, wenn zum Beispiel Jacques Rigaut schreibt: «Die unfehlbarste Komik besteht noch darin, die Leute ihres kleinen Lebens zu berauben, ohne Grund, nur so zum Spaß» (*La Révolution Surréaliste* 12 [15. Dezember 1929], S. 55–57).

30] Zit. bei L. Poliakov: ‹*Bréviaire de la haine – le IIIe Reich et les juifs*›. Paris 1952. S. 14.

31] Genau diesen Ratschlag erteilt E. Bloch an R. Dutschke in dem berühmten Gespräch in Bad Boll: «Auch in die revolutionäre Bewegung muß eine Heiterkeit hineingebracht werden, die ihr bisher größtenteils gefehlt hat!» (Vgl. ‹*Heiterkeit in die Revolution bringen*› in: *Der Spiegel* 10 [1968], S. 57.)

32] F. M. Dostojevskij: ‹*Der Spieler*›. München 1959. S. 173.

33] Doch damit ist noch nicht alles über das Thema der Gewalt gesagt. Mit bemerkenswerter Hartnäckigkeit taucht das Thema immer wieder auf, so daß man es nur schwerlich umgehen kann. In Wahrheit mündet heute jegliche unversöhnliche Reflexion über das gesellschaftliche Schicksal des Menschen früher oder später in eine bittere Reflexion über die Rolle der Gewalt in der Geschichte des Menschen – bitter für die Rationalität, der Gewalt seit je eine Marter bedeutet hat. Geht man der Sache auf den Grund, erkennt man, daß Gewalt in jedem Fall Gewalt gegen die Rationalität ist. Man mag sich auf die Vernunft berufen wollen, man mag also der Gewalt Recht geben, doch verfügt sie über eine beklagenswert unvernünftige Seite. Bei nur der leisesten Berührung mit dem Thema der Gewalt gerät die Rationalität in einen Konflikt mit sich selbst und schlägt gleichsam ins Irrationale um. Und das nicht allein dann, wenn man die Gewalt rational zu untermauern sucht, sondern nur dann, wenn man sie verdammen will. In dem Augenblick, da wir mit rationalen Mitteln die Gewalt verurteilen wollen, handeln wir – mit Poppers Worten – im Namen eines «unvernünftigen Glaubens an die Rationalität» (vgl. das Kapitel «Utopia and Violence» in K. R. Popper: ‹*Conjectures and Refutations – The Growth of Scientific Knowledge*› [New York 1963. S. 355 f]. Zur Beziehung zwischen Rationalität und Gewalt vgl. auch H. Arendt: ‹*On Violence*› [New York 1969. S. 66]). Diese Überlegungen können auf den ersten Blick durchaus als nichtige Gedankenspielereien erscheinen. Die Begriffe Rationalität und Gewalt werden hier recht gewagten Gedankenoperationen unterworfen. Derartige dialektische Praktiken erfüllen indessen eine wichtige Funktion, insofern sie verhindern, daß die Beziehung zwischen Rationalität und Gewalt in einem dogmatischen Interpretationsschema versteinert. Das zeigt sich in aller Deutlichkeit in der Geschichte des modernen Denkens – zumindest von Sorel bis auf den heutigen Tag. Bekanntlich sprach Sorel von «bürgerlicher Macht» und «proletarischer Gewalt», wobei er erstere mit der Autorität und letztere mit der Revolte identifizierte (vgl. G. Sorel: ‹*Réflections sur la violence*›. Paris 1908). Diese Schematisierung ist heute überholt: im Gegensatz zu der Zeit, da Sorel sein Buch schrieb, gibt es heute mehrere Beispiele proletarischer Macht (d. h. Autorität) und nicht wenige Beispiele bürgerlicher Gewalt (d.

h. Revolte). Offensichtlich haben die traditionellen Kategorien Sorels heute ihre Aktualität eingebüßt. Man kann nicht weiterhin Gewalt mit Revolte gleichsetzen. Näher an den Kern der Sache führt die Erkenntnis, daß Gewalt immer – zumindest potentiell – im Dienst der etablierten Macht gestanden hat, während die gegen die Vorherrschaft dieser Macht gerichtete Aktion nicht als Gewalt *tout-court*, sondern als Gegengewalt definiert werden muß, somit als eine besondere Form von Gewalt, die sich als befreiende Reaktion gegen die Zwangsaktion der Macht äußert. Deshalb lassen sich Gewalt und Gegengewalt nicht voneinander trennen. Zwischen ihnen besteht eine begriffliche und komplicenhafte reale Wechselbeziehung. Sie fungieren wie kommunizierende Röhren; wenn in einer Röhre der Stand ansteigt, fällt er automatisch in der andern. Diese neue Deutung der Gewalt hat ihre treffendste Formulierung bei Sartre gefunden: «Die Gewalt erweist sich immer als eine *Gegen-Gewalt*, das heißt als ein Gegenschlag gegen die Gewalt des Anderen ... Ob es sich um Töten, Foltern, Unterdrücken oder lediglich um Mystifizieren handelt, mein Ziel ist jedesmal, die fremde Freiheit als feindliche Kraft zu beseitigen, das heißt als jene Kraft, die mich vom praktischen Feld wegstoßen und zu einem zum Tode verurteilten ‹überzähligen Menschen› machen kann» (vgl. J.-P. Sartre: ‹*Kritik der dialektischen Vernunft*›. Reinbek 1967. S. 141). Der Begriff der Gegengewalt spielt heute eine zentrale Rolle in der Sprache des revolutionären Denkens in seiner radikalsten Form. Wir finden ihn zum Beispiel bei Fanon, der ihn sicher von Sartre und dessen Theorie der Beziehung zwischen Kolonialherr und Kolonisiertem übernommen hat. Fanon hat diesen Begriff zu bereichern, ja zu verwandeln verstanden im Lichte seiner großen persönlichen Erfahrung mit der antikolonialistischen Aktion (vgl. F. Fanon: ‹*Die Verdammten dieser Erde*›. Reinbek 1969). Er hat das Thema der Gewalt mit einer gewissen Parteilichkeit getrübt, indem er die Gewalt zum Bösen, immer Reaktionären, und die Gegengewalt zum Guten, immer Revolutionären erklärt. Doch die manichäische Parteilichkeit gehört zu einer der Qualen der Rationalität, die wir oben erwähnt haben. Diese Einseitigkeit äußert sich in dem Entscheid, daß der Terror eine sonnenklare Angelegenheit sei: Terror verübt immer nur der Andere. Abgetan wird damit die «Pluralität des Terrors» (Sartre). An diesem Punkt wäre zuzugeben, daß dieses Problem keine Lösung hat; und nicht einmal die Erörterungen über die Toleranz vermögen da weiterzuhelfen. Denn all das über die Gewalt Gesagte kann man auch auf die Toleranz übertragen. Mit der Thematik der Toleranz strandet man insgleichen an der Klippe der Parteilichkeit. Gegen die falsche Toleranz der Unterdrükker erhebt sich die wahre Toleranz der Unterdrückten, das heißt die Gegentoleranz, die nun die Rolle der Gegengewalt übernähme (vgl. H. Marcuse: ‹*Repressive Tolerance*› in: R. P. Wolff, B. Moore jr. und H. Marcuse, ‹*A Critique of Pure Tolerance*› [Boston 1965]). Die Versuche, die Auseinandersetzung wissenschaftlich zu neutralisieren, haben zwar bedeutende

Aspekte der Ätiologie der Gewalt erhellt; sie schaffen allerdings nicht die Schwierigkeiten aus der Welt, die wir in dieser Anmerkung aufgezählt haben. Als Beispiel für derartige Bemühungen kann man die kürzlich vorgetragene verhaltenstheoretische Deutung der Aggression anführen (K. Lorenz: ‹Das sogenannte Böse – Zur Naturgeschichte der Aggression› [Wien 1963], und A. M. Becker u. a.: ‹Bis hierher und nicht weiter – Ist die menschliche Aggression unbefriedbar?›. Hg. von A. Mitscherlich [München 1969]).

34] R. Boguslaw: ‹The New Utopians – A Study of System Design and Social Change›. Englewood Cliffs (N. J.) 1965. S. 1 f.

35] Dieser Schlüsselbegriff der technokratischen Ideologie wurde zum erstenmal 1824 im ‹Système de politique positive› (III. Teil des ‹Catéchisme des Industriels› Saint-Simons) von A. Comte, dem Herausgeber dieser Schrift (‹Œuvres de Claude-Henri de Saint-Simon›, Paris 1966. Bd. IV, S. 131 [Faksimileausgabe der Auflage von 1875]), formuliert: «Die wissenschaftliche Politik schließt radikal den Zufall aus, weil sie das Absolute und Verschwommene zum Verschwinden bringt, das ihr zur Existenz und zum Fortbestand verholfen hat. Der Zufall wird also wohl oder übel sein Ende finden. Die Herrschaft über Sachen wird die Herrschaft über Menschen ablösen; es gibt also in der Politik wahrlich ein Gesetz im realen und philosophischen Sinn, den diesem Ausdruck der große Montesquieu verliehen hat.» In seinem Text ‹L'Organisatuer› (1819/20) heißt es (ebd., S. 192): «Man kann nicht zur Genüge wiederholen, daß die einzige vom Menschen ausgeübte nützliche Handlung in der Behandlung von Sachen liegt. Die Behandlung des Menschen durch den Menschen wirkt sich als solche immer schädlich auf die Gattung aus, und zwar wegen der zweifachen Zerstörung von Kräften, die sie mit sich bringt.»

36] Wir sprechen hier allgemein von Modellen als Wiedergabe (Replik); doch sei darauf hingewiesen, daß in der modernen Modelltheorie die Wiedergabe nur eine und nicht die einzigste der zahlreichen Aufgaben erfüllt, die ein Modell übernehmen kann. K. M. Sayre zum Beispiel unterscheidet drei Modelltypen: a) Wiedergabe, b) Formalisierung, c) Simulation (vgl. K. M. Sayre: ‹Recognition – Study in the Philosophy of Artificial Intelligence›. Notre Dame [Ind.] 1965. S. 4; vgl. a. das von K. M. Sayre und F. J. Crosson herausgegebene Buch ‹The Modeling of Mind, Computers and Intelligence›. Notre Dame [Ind.] 1963. S. 5). Es gibt noch andere Modellklassifikationen, wie zum Beispiel von M. Black: ‹Models and Metaphors – Studies in Language and Philosophy› (Ithaca [N. Y.] 1966. S. 222 f: a) Maßstabmodelle, b) Analogmodelle, c) mathematische Modelle; von Anatol Rapoport in Anlehnung an K. Deutsch: a) heuristische Modelle, b) prognostische Modelle, c) Meßmodelle (vgl. Anatol Rapoport: ‹Operational Philosophy›. New York 1953, S. 207).

37] Vgl. Anatol Rapoport ‹Two Persons Game Theory – The Essential Ideas› (Ann Arbor 1966. S. 5 f): «Selbstredend geht der Mathematiker nicht mit ‹runden Gegenständen›, sondern mit Kreisen um. Das heißt, die Begriffsarbeit, von allen runden Gegenständen Kreisförmigkeit zu abstrahieren, wurde vor so langer Zeit geleistet, daß sie bereits in unsere Sprache und Wissenschaft eingegangen ist . . . Der Spieltheoretiker befindet sich in einer mißlicheren Lage. Jene ihm wichtig erscheinenden Aspekte von Entscheidungen in Konfliktsituationen leuchten nicht so ohne weiteres ein wie die Kreisförmigkeit bei runden Gegenständen . . . Bei Konflikten spielen unsere Gefühle stärker mit hinein als bei Gegenstandsformen.» (Vgl. auch ‹*Fights, Games and Debates*›. Ann Arbor 1960.)

38] Bekanntlich haben außer R. S. McNamara noch andere Persönlichkeiten einen erheblichen Einfluß auf die offiziellen (oder quasi-offiziellen) ‹diplo-militärischen› Doktrinen der USA ausgeübt. Ein Beispiel bietet H. Kahn, Direktor des Hudson Institute, dessen Gedanken zu diesem Thema während der letzten Jahre Gegenstand heftiger und lautstarker Debatten bildeten. Niemals zuvor war die Theorie des «Gleichgewichts des Schreckens» so unverblümt herausgestellt worden wie in seinem Buch ‹*On Thermonuclear War*› (Princeton [N. J.] 1960). Auf die gegen seine Strategiespekulationen vorgebrachten Kritiken hat Kahn polemisch mit einem anderen Werk geantwortet: ‹*Thinking about Unthinkable*› (2. Aufl. New York 1966). Seiner Meinung nach seien die an ihm geübten Kritiken nichts weiter als ein Ausdruck der «*victorian prudery*» (S. 20) seiner Widersacher. Es läßt sich nicht leicht ausmachen, inwieweit dieses Urteil zutrifft; doch unzweifelhaft ermangelt es Kahn nicht nur jeglicher Form von *prudery* – viktorianischer oder anderer Art –, sondern auch jeglicher Rücksicht gegenüber dem Schicksal jener, die aus diesen oder jenen Gründen mit der von ihm propagierten ‹pax americana› nicht übereinstimmen. Die Sprache Kahns hat keine Vorgänger in der langen und dunklen Geschichte der Intellektuellen im Dienst der Macht. Unter den Philosophen, die sich dem faschistischen und nazistischen Totalitarismus verschrieben haben – wir meinen hier weniger Alfred Rosenberg als vielmehr ernster zu nehmende Namen wie Giovanni Gentile und Carl Schmitt –, findet man keinen, der sich einer so klaren Sprache zu bedienen wagte wie Kahn (vgl. J.-P. Faye: ‹*Langages totalitaires – Fascistes et nazis*› in: *Cahiers Internationaux de Sociologie* 36 [1964], S. 75–100). Es ist eine merkwürdige Entwicklung: Theodore Roosevelt nannte die Dinge bei ihren Namen; es mißfiel ihm, die imperialistischen Aktionen seines Landes zu verschleiern. Die heutigen Politiker dagegen stellen ihre Abenteuer als internationale Gendarmen lieber als wahre Kreuzzüge des demokratischen Altruismus heraus; doch die Intellektuellen, die ihnen als Ratgeber und Helfer zur Seite stehen, scheinen ihnen bei diesen semantischen Verdrehungen nicht ganz folgen zu wollen. An Deutlichkeit übertrifft Kahn jetzt noch Roosevelt zu Beginn dieses Jahrhunderts: auch er nennt die Dinge bei ihrem Namen, indem er die unverfrorene Sprache der *big stick policy* spricht. Diese Haltung wird von neuem bestätigt in seinem gemeinsam mit Anthony J. Wiener verfaßten Buch ‹Ihr werdet es erleben› (Reinbek 1971), das ein objektives Dokument der Zukunftsprognose sein will, wo es sich doch in Wirklichkeit nur um eine Zukunftsversion dreht, wie sie sich allein aus der imperialistischen Sicht einer Großmacht ergibt. Seine Modelle (*scenarios*) wirtschaftlicher, politischer, technologischer und militärischer Voraussagen basieren auf der methodologischen Abstraktion in Form «überraschungsfreier Anforderungen» («*surprise free requirements*»), das heißt auf der Voraussetzung, daß die heute sichtbaren Trends sich auch morgen genau nach derselben heute feststellbaren Zunahme- oder Abnahmerate entwickeln würden. Die Zukunft der technischen Einrichtungen wird prinzipiell in Funktion ihrer Anpassungsfähigkeit an die diplo-militärischen Bedürfnisse der betreffenden Großmacht beurteilt: also auf die Wirksamkeit hin zu ‹einem zukünftigen Vietnam oder Krisenherd in den USA selbst› oder auf ihren Beitrag hin zu einer [Militär-] Hilfe für die Regierung eines Landes›. Eine weitere einflußreiche Persönlichkeit ist H. A. Kissinger als heutiger Beauftragter für nationale Sicherheitsfragen der USA. Seine beiden Bücher ‹Nuclear Weapons and Foreign Policy› (New York 1957) und ‹The Necessity for Choice – Prospects of American Foreign Policy› (New York 1961) unterscheiden sich nicht wesentlich von Kahns Werk. Indessen spricht aus seinem Buch ‹The Troubled Partnership – A Re-Appraisal of the Atlantic Alliance› (New York 1965) eine offenere und realistischere Haltung.

39] McNamara bildet eine beachtenswerte Ausnahme unter den ‹Neo-Utopisten›; denn sie haben es gewöhnlich lieber, geschützt im Schatten der Macht zu operieren statt sich selbst in eine exponierte Machtstellung zu begeben. Er hat nicht nur die Macht bejaht, sondern die unumstrittene *leadership* in seinem Bereich angestrebt. Das Vorgehen McNamaras hat übrigens nichts gemein mit dem traditionellen Verhalten der Intellektuellen, die sich der Macht annähern: er wollte weder ‹Chronist› noch ‹ein gebildeter Mann in der Regierung› sein. McNamara ist nicht Malraux. Für Malraux bildete die Macht im Grunde nur ein weiteres Abenteuer, die letzte Station eines langen Weges, der ihn durch «die Welt des Geistes und der Fiktion führte – die Welt der Künstler – und später durch die Welt der Konflikte und der Geschichte» (‹Antimémoires›. Paris 1967. S. 10). Wie alle Intellektuellen in ähnlichen Umständen hat sich Malraux bemüht, uns zu verstehen zu geben, daß «die Wahrheit eines Menschen vor allem das ist, was er verbirgt» (ebd., S. 16). Damit ließ er hinter dem ‹Minister Malraux› einen anderen Malraux durchblicken, der unter der Lage litt, in die ihn seine Abenteuerlust gestürzt hatte. McNamara plagen solche Skrupel nicht. Der Techniker an der Macht, der Technokrat – damit ist eine neue Phase der langen und verwickelten Geschichte der Beziehungen zwischen Intellektuellen und Machtstrukturen erreicht. Die vielleicht treffendste Beschreibung des Gesellschaftsprofils des modernen Technokraten wurde von A. Gramsci gegeben, als er um 1930 diesen von ihm allgemein «urbaner Intellektueller» genannten Typ zu charakterisieren versuchte. In seinem Buch ‹Gli intellettuali e l'organizzazione della cultura› (Turin 1966) kann man dazu lesen: «Die urbanen Intellektuellen sind mit der Industrie gewachsen und mit deren Gedeih verknüpft ... Im Durchschnitt handelt es sich bei ihnen um ausgestanzte Standardtypen; wenn sie in einflußreiche Stellungen gelangen, verwechseln sie sich mehr und mehr mit dem eigentlichen industriellen Generalstab» (S. 10 f). «... Viele Intellektuelle gehen so weit, zu glauben, daß sie selbst der Staat sind – ein Glaube, der angesichts der großen Zahl dieser Intellektuellen bisweilen bemerkenswerte Folgen nach sich zieht und lästige Komplikationen für jene wirtschaftliche Gruppe heraufbeschwört, die in Wirklichkeit den Staat verkörpert» (S. 12). Wie man sieht, erkannte Gramsci ganz klar die Stellung des Intellektuellen in den Machtstrukturen der Industrie und seine – verglichen damit – relative Machtlosigkeit, wenn er zu sehr der realen Staatsführung nahekommt. Die Urteile über die Rolle der Techniker in der kapitalistischen und auch in der sozialistischen Gesellschaft leiden gewöhnlich unter einem übermäßigen Schematismus. Diese Kritik kann man nach unserer Ansicht auch gegen das Buch von Th. Roszak ‹The Making of a Counter Culture – Reflections on the Technocratic Society and its Youthful Opposition› (Garden City [N. Y.] 1969) vorbringen, das in vielerlei Hinsicht ein Muster an gründlicher und subtiler Analyse bildet. Zu wenigen Autoren, die das technokratische Phänomen etwas nuancenreicher betrachten, gehört Touraine. In seinem Buch ‹Le Mouvement de Mai ou le Communisme utopique› (Paris 1968. S. 16) hat der Soziologe aus Nanterre hervorgehoben, daß zwischen einer «technokratischen Ideologie» und einer «technokratischen Handlung» zu unterscheiden sei. Die erste führt zu einer «Negation der Politik, insofern sie diese auf Wissenschaft reduziert, so als ob die Wahl der Ziele und Werte durch die Ermittlung einer rationalen Zweck–Mittel-Relation ganz und gar eliminiert werden könnte»; die zweite dagegen «steht im Dienste der Macht der Produktionsmittel, welche Macht sie mit dem allgemeinen gesellschaftlichen Fortschritt gleichsetzt».

40] R. S. McNamara: ‹The Essence of Security – Reflections in Office›. London 1968.

41] St. Alsop: ‹The Center – The Anatomy of Power in Washington› (London 1968). Über McNamara, den Vertreter eines eiskalten Rationalismus, s. auch H. Brandon: ‹Anatomy of Error – The Inside Story of the Asian War on the Potomac – 1954–1969› (Boston 1969).

42] Vgl. V. Held: ‹PPBS comes to Washington› in: The Public Interest 4 (Sommer 1966), S. 102–115.

43] Diese These wird von Anatol Rapoport in seinem hervorragenden Buch ‹Strategy and Conscience› (New York 1964. S. 201) verfochten: «Die Dichotomie Gut–Böse nährt das Bild des Bösen schlechthin, wodurch der Gebrauch eines Modells der zeitgenössischen Geschichte als eines apokalyptischen Kampfes gerechtfertigt scheint. Da wir im Zeitalter der Wissenschaft leben, müssen nicht nur Technologien, sondern auch wissenschaftliche Denkweisen zur Kampfesführung mobilisiert werden. Daher also die Vorherrschaft des strategischen Denkens in internationalen Angelegenheiten und die Sackgasse, in die das ausschließliche Vertrauen auf dieses Denken führt.»

44] J. K. Galbraith: ‹The New Industrial State›. London 1967. S. 71.

45] Gramsci, a. a. O., S. 11.

46] D. Senghaas: ‹Sozialkybernetik und Herrschaft› in: Atomzeitalter 7–8 (Juli–August 1967). Wichtige Vorläufer für diese neue Einstellung findet man in der Gruppe jener, die bereits seit einigen Jahren eine radikale Unterscheidung zwischen national security research (Nationale Sicherheitsforschung) und peace research (Friedensforschung) zu machen versuchen. Zu diesem Thema vgl. K. E. Boulding: ‹Reality Testing and Value Orientation in International Systems – The Role of Research› in: International Social Journal 17:3 (1965), S. 404–416; das Buch von F. Fornari: ‹Dissacrazione della guerra› (Mailand 1969) und auch D. Senghaas: ‹Aggressivität und Gewalt-Thesen zur Abschreckungspolitik› in: H. Marcuse u. a., ‹Aggression und Anpassung in der Industriegesellschaft› (Frankfurt a. M. 1968. S. 128 f).

47] Der Ausdruck ‹Megastrukturen› wird hier aus Gründen sprachlicher Bequemlichkeit gebraucht. Bewußt fassen wir unter diesem Wort, nicht ohne eine gewisse Willkür, eine weitgespannte und diversifizierte Reihe von architektonischen und urbanistischen Entwurfsvorschlägen zusammen. Unter die ‹Megastrukturen› fallen nach unserem Begriff die «Walking City» von R. Herron und B. Harvey, die «Computer City» von D. Crompton, die «Plug-in-City» von W. Chalk, P. Cook und D. Crompton, die «Ville Cybernétique» von N. Schoeffer, die «Metabolist Structure» von A. Isozaki, die «Ville Mobile = Ville Spatiale» von Y. Friedman, die «Spiralstadt» von N. Kurokawa, das «Isotopon» von R. Doernach. Während einiger Jahre hat die «technicolorprächtige Prosa von R. Banham» – wie sie einmal seine jungen Bewunderer der Zeitschrift Clip-kit getauft haben – die Verbreitung der englischen Richtung dieser Bewegung stark gefördert (vgl. R. Banham: ‹A Clip on Architecture› in: Design Quarterly 63 [1965]). Die geschichtlichen Vorläufer dieser Bewegung kann man in A. Sant'Elia, K. Schwitters, B. Taut und I. Leonidov sehen, doch diese Genealogien besagen nicht viel, und vielleicht stimmen sie nicht einmal. Die genaueste Beschreibung des ‹Megastrukturalismus› verdanken wir D. Scott Brown in dem Artikel ‹Little Magazines in Architecture and Urbanism› (in: Journal of the American Institute of Planners 34:4 [Juli 1968]): «Die futuristische Bewegung soll die ‹Verbindung der Seele mit der PS-Kraft› darstellen; hier nun haben wir ihre Verbindung mit der Raketentechnik – über R. Buckminister Fuller, Detroit, die hochgetrimmten industriellen Vorrichtungen des Raumfahrtprogramms, die Verpackungstechnik, die Computer, Science Fiction und Science Fiction Comics» (S. 225). «Eine weitere Quelle bildet der Spaß. Hier gewinnt die Tatsache an Bedeutung, daß die Architekten im England der Beatles leben; sie begeistern sich vornehmlich für zwei Dinge: zum einen für die vibrierende Mass-pop-Kultur der Londoner Teenager, zum anderen für den Pass-pop-, Packungs- und Technik-Kult der Industrieprodukt-Technologie» (S. 227). «Viele der [für die Zukunft geplanten] Städte kommen einem durchaus bekannt vor. Sie sehen aus wie die Industrievororte nordamerikanischer Städte, wie die Wassertank-Bauernhöfe und Raffinerietürme in Jersey oder wie die Ölsonden, Pumpanlagen und Kräne des Hafens San Pedro und wie Teile des Huntington Beach der California Route Nr. 1. Man mag sich fragen, ob diese Entwürfe der Architekten nicht eher eine Vision aus dem 19. Jahrhundert als aus dem späten 20. Jahrhundert bieten» (S. 230).

48] R. Buckminster Fuller: ‹The Year 2000› in: *Architectural Design* (Februar 1967), S. 63.

49] R. Buckminster Fuller: ‹Education Automation›. Carbondale (Ill.) 1962. S. 76.

50] In dem Buch ‹Utopia¸or Oblivion› (London 1970) schreibt R. Buckminster Fuller: «Politiker sind keine wissenschaftlichen Erfinder. Die Revolution des Erfindens und der Systemplanung müssen den politischen Änderungen vorangehen. Die Revolution durch Planung und Erfindung ist die einzige Revolution, die von allen Menschen, allen Gesellschaften und allen politischen Systemen gleichermaßen hingenommen werden kann» (S. 236).

51] Fuller, ‹The Year 2000›, S. 63.

52] C. W. Mills: ‹The Sociological Imagination›. New York 1961. S. 5.

53] Für die traditionelle Demographie ist «eine Population die Gesamtheit der Menschen, die innerhalb der Grenzen eines bestimmten Gebiets leben». Mit dem Auftauchen der ‹Paläodemographie› wurde die ursprüngliche Bedeutung des Begriffs erheblich erweitert: da sie die Anzahl und Dichte vergangener Populationen ermitteln mußte, das heißt «von Menschen, die in einem bestimmten Gebiet gelebt haben», war sie gezwungen, auf ein indirektes Verfahren zurückzugreifen, indem sie Anzahl und Dichte der von den Menschen benutzten Artefakten feststellte. Und das eben, weil die Objekte verglichen mit den menschlichen Überresten eine größere Widerstandsfähigkeit gegenüber der Verschleißwirkung der Zeit besitzen (vgl. C. S. Coon und E. E. Hunt jr.: ‹Anthropology›. New York 1963. S. 38 f). Dieser Ansatz hat aus methodologischen Gründen dazu geführt, auch die Gegenstände als Bestandteile von Populationen gelten zu lassen. Zudem bilden in der Ökologie bereits seit langem Gruppierungen aller möglichen Organismen ‹Populationen› (vgl. Clarke, a. a. O., insbesondere den Begriff ‹Populationsökologie›). Die Ökologen haben eine ‹Demoökologie› entwickelt: dieser neue Zweig der Ökologie ist von einem italienischen Wissenschaftler auf folgende Weise definiert worden: «Die

Demoökologie beschäftigt sich mit der Erforschung der uni- oder intraspezifischen Populationen, seien sie in abstracto oder im Labor oder in ihrer Umgebung untersucht; weiterhin mit dem Studium ihrer besonderen Merkmale, ihrer Dynamik, des Energieaustauschs mit der Außenwelt sowie der Beziehungen zwischen den Populationen selbst und den [Tier-] Gemeinschaften, die nichts anderes sind als die Gesamtheit der sich über mehrere Spezies verteilenden Populationen» (G. Marcuzzi: ‹Ecologia animale›. Mailand 1968. S. 15). Eine weiterreichende und gewagtere Extrapolation des Begriffs ‹Population› findet sich vor allem in den jüngsten Beiträgen der von der Kybernetik herkommenden Forscher. Hierzu sei A. A. Moles zitiert, für den alle Entitäten gleich welcher Art unter bestimmten Bedingungen Populationen bilden können. Bei dieser radikalen Sichtweise kann man sogar von einer ‹Demographie der Gegenstände› oder einer ‹Soziologie der Gegenstände› sprechen. Unserer Meinung nach findet sich die detaillierteste Abhandlung von Moles zu diesem Thema in ‹Objet et communication› (in: Communications 13 [1969]): «Eine soziologisch fundierte Theorie der Gegenstände wird sich vor allem auf die Analyse des Vorhandenen stützen. Sie wird bestrebt sein, eine ‹Demographie› im etymologischen Sinn der Bedeutung von Populationen und ihrer Variationen aufzubauen – ein Ausdruck, den wir heute oftmals durch die Bezeichnung ‹Gegenstandspark› ersetzen. Eine solche Untersuchung kann entweder zum Gesamtuniversum der Gegenstände oder zu festumrissenen Gegenstandsgattungen führen, womit sich das Problem einer Typologie und Klassifikation von Gegenständen stellt» (S. 10). «Der Ausdruck ‹Soziologie der Gegenstände› trifft – etymologisch gesehen – den Kern der Sache. ‹Socius› leitet sich von ‹sequor› her: folgen, begleiten; und nirgendwo ist gesagt, daß Gesellschaften oder Socii unbedingt aus menschlichen Wesen bestehen müßten . . .» (S. 12). Bereits in einer seiner früheren Arbeiten – ‹Notions de quantité en cybernétique› in: Les Études Philosophiques 2 (April–Juni 1961) – hatte Moles von einer «Demographie der Handlungen» gesprochen. In der Typologie der Populationen wären nicht die Metapopulationen zu vergessen, das heißt die Populationen der Beziehungen zwischen den verschiedenen Populationen; dieser besondere Typ von Populationen, dessen Bestandteile nicht Personen, Dinge, Handlungen, Prozesse usw. sind, sondern Beziehungen zwischen ihnen, weist die höchste strukturelle und funktionelle Komplexität auf. R. S. Studer schreibt zu diesem Punkt: «Diese Komplexität ist das natürliche Ergebnis des folgenden Sachverhalts: mehr Menschen mit komplexeren Verhaltensformen, mit mehr Kommunikation und mehr Wissen über das, was verlangt wird, mit mehr Mitteln zum Auffinden von Lösungen» (‹On Environmental Programming› in: Arena Architectural Association Journal [Mai 1966], S. 290–296).

54] J. Davy: ‹Vous avez Pourri la planète› in: Le Nouvel Observateur (25. November 1968), S. 26–30. Wer das Anschwellen der Automobilpopulation betrachtet, dürfte die Angaben des *Architectural Forum Magazine* (Juni 1965) aufschlußreich finden: «Mit dem 1965 erreichten Produktionsausstoß würde in Detroit jeden Arbeitstag eine 240 Kilometer lange Schlange von lückenlos aneinandergereihten Automobilen hergestellt. In ungefähr drei Wochen würde also diese Schlange von New York bis Los Angeles reichen» (S. 65). Auf europäische Verhältnisse übertragen bedeutet das, daß die Luftlinie zwischen Mailand und Rom mit dem Ausstoß in zwei Arbeitstagen und die Luftlinie zwischen Paris und München in drei Tagen gefüllt werden könnte.

55] Zitiert nach E. Clark: ‹Fast Jetport Action is Urged by Javits› in: *The New York Times* (22. Dezember 1966). In den letzten Jahren haben sich die Probleme des Luftverkehrs in den USA noch weiter zugespitzt. Erinnern wir daran, daß am 19. Juli 1968 nach einer von der amerikanischen und internationalen Presse weitverbreiteten Nachricht der Kennedy international Airport die Rekordziffer an Flugverkehrsdichte erreichte. Zu einer bestimmten Stunde kreisten über dem Flughafen rund 1900 Flugzeuge.

56] Von 1890 bis 1910 bildete die Zusammenbruchstheorie eines der umstrittensten Themen der verschiedenen Marx-Interpretationen. L. Colletti hat sich in seiner kürzlich veröffentlichten Einleitung zur Übersetzung einer Schrift von E. Bernstein (‹I presupposti e i componenti della socialdemocrazia›. Bari 1968 [dt.: ‹Die Voraussetzungen des Sozialismus und die Aufgaben der Sozialdemokratie›. Reinbek 1969]) besonders eingehend der verschiedenen philosophischen und politischen Implikationen dieser Deabatte angenommen. Einen Punkt jedoch stellt Colletti nicht ganz klar heraus, wodurch sich erhebliche Mißverständnisse ergeben könnten. In einem Absatz seines Textes (S. XVIII f) gibt er der Überzeugung Ausdruck, daß für Marx der unvermeidbare Zusammenbruch des Kapitalismus das Ergebnis einer eisernen «Geschichtstendenz» sei, wohingegen für K. Kautsky dieses Phänomen einer unausweichlichen «Naturnotwendigkeit» entspräche. Eine vergleichende Analyse der Texte von Marx und Kautsky bestätigt diese Behauptung durchaus nicht: wenn auch Kautsky in ‹Das Erfurter Programm› (9. Aufl. Stuttgart 1908. S. 106) von «Naturnotwendigkeit» spricht, drückt sich Marx fast gleichlautend aus. In ‹Das Kapital› (‹Werke›. Stuttgart 1962. Bd. IV, S. 925) schreibt Marx: «... die kapitalistische Produktion erzeugt mit der Notwendigkeit eines Naturprozesses ihre eigene Negation. Es ist Negation der Negation.» Wie man sieht vermag die hegelianische historische Sprache von Marx nicht ihren naturalistischen Fatalismus zu kaschieren.

57] Die Ideologie des Fatalismus des *happy end* ist von G. Vidal in ‹Reflections upon a Sinking Ship› (Boston 1969. S. X) auch *«spirit of yet»* genannt worden. Im Englischen hat *yet* neben anderen Bedeutungen auch noch den Sinn «Möglichkeit zu einer späteren Änderung, wenn noch Zeit dazu ist». Vidal macht geltend, daß «die Optimisten sich im Gebrauch des ‹yet› hervortun».

58] E. F. Murphy schreibt in ‹Governing Nature› (Chicago 1967. S. 31):
«Im Verlauf der letzten Jahre wurden daher die Besorgnisse über den
menschlichen Mißbrauch der nicht erneuerbaren Ressourcen beschwich-
tigt. Doch an die Stelle der früheren Befürchtungen über die Ressourcen
traten jetzt andere Befürchtungen über einen weiteren Teil des Spektrums:
die erneuerbaren Ressourcen. Diese werden manchmal auch Lebens-
zyklus- oder flüssige Ressourcen genannt; im natürlichen Verlauf der
Dinge erneuern sie sich ständig. Zu ihnen gehören Luft, Wasser und Boden
sowie alle lebenden Organismen wie Bäume, Gräser und Tiere. Der
Mensch kann den Erneuerungsprozeß fördern, doch ist eine Erneuerung
manchmal nicht möglich.»

59] Nicht wenige der äußerst beunruhigenden Zustände ‹explosiver Verdichtung› werden dadurch heraufbeschworen, daß wir mehr Dinge
gebrauchen wollen, als wir produzieren, und daß wir weniger Dinge im
wahrsten Sinne des Wortes verbrauchen, als wir gebrauchen. E. F. Murphy
(a. a. O., S. 118 f) analysiert dieses Phänomen besonders scharfsinnig:
«Das 19. Jahrhundert wurde gewöhnlich das Zeitalter der Produktion und
das 20. Jahrhundert das Zeitalter des Konsums genannt . . . Welche Einsichten man immer daraus ableiten mag, so besteht das große Problem
hinsichtlich der Ressourcen darin, daß der Mensch mehr ein Benutzer als
ein Produzent oder Konsument ist. An den Abfallbergen läßt sich sehen,
daß der moderne Städter der technischen Zivilisation nicht Autos, Möbel
und Geräte verbraucht; daß er nicht einmal seine Nahrung, seine Brenn-
stoffe und Wasser verbraucht, ist vielleicht weniger augenfällig. Er
gebraucht diese Dinge, setzt ihre Energie frei, verändert ihre Form und
spiegelt sich dann vor, daß diese Restbestände verschwinden. Man meint,
das sei schon Abfallbeseitigung, wenn man gebrauchtes Material an einer
Stelle zusammenkehrt, es vergräbt, es wegspült oder vom Wind hinweg-
tragen läßt. Der Mensch hat angenommen, daß da eine direkte Verbin-
dungslinie zwischen Produktion, Konsum und physischem Verschwinden
besteht. Nun zeigt es sich, daß der Mensch als Produzent und Konsument
Teil dieses Kreislaufs ist. Die Rückstände, die bei seiner Produktion und
seinem Konsum anfallen, verschwinden nicht, und wenn sie über eine
bestimmte Schwelle hin anwachsen, müssen sie einfach in Betracht gezogen werden.»

60] Vgl. S. Chermayeff und Ch. J. Alexander: ‹Community and Privacy›.
Garden City (N. Y.) 1965. S. 46 f.

61] A. Portmann: ‹Die Ordnungen des Lebendigen im Deutungsversuch
der Biologie› in: ‹Aspekte des Lebendigen›. Freiburg i. B. 1962. S. 184 f.
Der französisch-amerikanische Biologe R. Dubos macht in seinem Buch
‹So Human an Animal› (New York 1968) auf die Gefahr aufmerksam, zu
glauben, daß der Mensch sich stetig an immer neue Bedingungen anpassen
könne: «Jegliche Erörterung der Zukunft muß die unüberwindbaren bio-
logischen Grenzen des Homo sapiens in Rechnung stellen» (S. 28).

62] Zu den Schwierigkeiten und psycho-physiologischen Folgen einer solchen Verkünstlichung der Umwelt vgl. G. M. Jones: ‹From Land to Space in a Generation – An Evolutionary Challenge› in: *Aerospacial Medicine* 39:12 (Dezember 1968), S. 1271–1282.

63] P. Geddes: ‹Cities in Evolution›. London 1968 (1. Ausg. 1915). S. 73.

64] Zum Begriff des ‹nachgeschichtlichen› Menschen s. L. Mumford: ‹The Transformation of Man› (New York 1962. S. 117 f). Zum Begriff des ‹nachideologischen› Menschen s. D. Bell: ‹The End of Ideology› (New York 1962). Zum Begriff des ‹nachalphabetisierten› Menschen s. M. McLuhan: ‹The Gutenberg Galaxy› (Toronto 1962).

65] H. Arendt: ‹The Human Condition›. Garden City (N. Y.) 1959.

66] D. A. Schon: ‹Technology and Change – The New Heraclitus›. New York 1967. S. 20, 25. Zur ausführlichen Darstellung der Beziehung ‹Risiko –Unsicherheit›, vor allem im wirtschaftlichen Bereich, vgl. das von K. Borch und J. Mossin herausgegebene Buch ‹Risk and Uncertainty› [Proceedings of a Conference held by the International Economic Association] (New York 1968).

67] Über das Thema der Beziehung zwischen Wissenschaft und Entwurf, insbesondere über die Neigung, einer zu einseitigen und simplifizierenden Version zu huldigen, vgl. den Artikel des Verfassers (in Zusammenarbeit mit G. Bonsiepe) ‹Wissenschaft und Gestaltung› (in: *ulm* 10–11 [Mai 1964], S. 10–19).

68] Die Klassifikation der Probleme in die beiden Gruppen ‹wohldefinierte› und ‹schlechtdefinierte› Probleme ist von ausschlaggebender Bedeutung. Der erste systematische Versuch, das Wesen der ‹wohldefinierten Probleme› zu erhellen und die brauchbarsten Techniken zu ihrer Behandlung zu erläutern, stammt von M. Minsky; vgl. dazu seinen Artikel ‹Steps toward Artificial Intelligence› (in: *Proceedings of the Institute of Radio Engineers* 49 [Januar 1961], S. 8–30). Die genauere Abgrenzung der ‹schlechtdefinierten› und ‹wohldefinierten› Probleme und besonders die Beschreibung letzterer werden im Artikel von W. R. Reitman geliefert: ‹Heuristic Decision Procedures, Open Contraints and the Structure of Ill-defined Problems› in: ‹Human Judgements and Optimality›. Hg. von M. W. Shelley und G. L. Bryan. New York 1954. S. 282 f. Dieses Thema wurde dann erneut von demselben Verfasser aufgegriffen in dem Buch ‹Cognition and Thought› (New York 1965).

69] W. Weaver: ‹Science and Complexity› in: *American Scientist* 36 (1948), S. 536–544.

70] «Die Suboptimalisierung», definiert L. W. Hein, «ist die Optimalisierung eines Teils der Organisation auf Kosten des Ganzen» (‹The Quantitative Approach to Managerial Decisions›. Englewood Cliffs [N.Y.] 1967. S. 2).

71] R. Buckminster Fuller: ‹Why not Roofs over our Cities› in: *Think* (Januar–Februar 1968), S. 8–11. Inspiriert von den «großen verglasten Arkaden in Mailand» konzipiert Fuller sein gigantisches *domed-over* New York. Er beschreibt seinen Vorschlag folgendermaßen: «Eine solche Kuppel würde vom East River bis zum Hudson auf Höhe der 42. Straße auf der Ost/West-Achse reichen, und von der 64. bis zur 22. Straße auf der Nord/Süd-Achse. Sie würde aus einer Halbkugel mit zwei Meilen Durchmesser und einer Meile Höhe am Scheitelpunkt bestehen . . . darüber ein Schirm gespannt.» Über die geodäsischen Dome Fullers s. Sibyl Moholy-Nagy: ‹*Matrix of Man – An Illustrated History of Urban Environment*›. London 1968. S. 13.

72] D. Bess: ‹*What the Space Scientists Propose for California*› in: *Think* 32:4 (Juli–August 1969). Zum gleichen Thema s. W. L. Rogers: ‹*Aerospace Systems Technology and the Creation of Environment*› in: ‹*Environment for Man*›. Hg. von W. R. Ewald. Bloomington (Ill.) 1967. S. 260 f.

73] Ist es richtig, zu behaupten, daß die Entstädterung eine Entgesellschaftung mit sich bringt? Sicherlich in diesem besonderen Fall. In einer so ausgemalten Wirklichkeit wird die Arbeit nun zur ‹Hausarbeit› – und endet mit der Verhäuslichung des Arbeiters. Schlagartig muß sich fast sein ganzes kommunikatives Leben im engen sozialen Raum seiner Einzelwohnung entfalten. Der Arbeitnehmer – ob Angestellter oder Arbeiter – ist zu lähmender Vereinzelung verurteilt; zwar Vereinzelung ‹en famille›, doch immer eben Vereinzelung. Seine Realbeziehung zu anderen Menschen ist aufs Minimum heruntergeschraubt. Der Bildschirm, der früher nur zur Unterhaltung diente, verwandelt sich jetzt in einen Monitor, der in den Arbeitsprozeß eingeschaltet ist. Die Welt der anderen ist jetzt nicht mehr greifbar nahe, sondern über den Bildschirm vermittelt. So beraubt sich die Gesellschaft jeder erfaßbaren Konkretheit: sie wird schemenhaft, und der Arbeiter verblaßt für die anderen und für sich selbst zu einem schemenhaften Wesen, das heißt, er verliert seine Identität als gesellschaftliches Wesen; schließlich entgesellschaftet er sich. In anderen weniger extremen Fällen läßt sich dagegen die kausale Verknüpfung zwischen Entstädterung und Entgesellschaftung nur unter erheblich größeren Schwierigkeiten freilegen. Gewöhnlich verfängt sich jeder in diese Richtung zielende Versuch in der alten Problematik ‹des Gegensatzes von Stadt und Land›. Bekanntlich taucht diese Problematik zu Beginn nicht mit den Charakteristiken auf, die wir ihr heute zuschreiben. In der ersten Phase nimmt sie ausschließlich die Form einer gegen die Stadt gerichteten Polemik an. Der berühmteste Verfechter in diesem Sinne war J.-J. Rousseau. «Die Menschen», schreibt er, «sind nicht dazu gemacht, wie in Ställen zusammengepfercht zu werden, sondern um sich über die ganze Erde zu verteilen, die sie kultivieren müssen. Je mehr auf einem Haufen zusammen sind, desto mehr werden sie korrumpiert. Die körperlichen Krankheiten sowie die seelischen Laster stellen sich unvermeidbar dann ein, wenn die Menschen in zu großen Ansammlungen leben. Unter all den tierischen Lebewesen gelingt es dem Menschen am wenigsten, in Gruppen zu leben. Würden die Menschen wie Vieh zusammengepfercht, stürben sie in kurzer Zeit. Tödlich ist der Atem des Menschen für Seinesgleichen; und das im wörtlichen wie übertragenen Sinn» (J.-J. Rousseau: ‹Émile› in: ‹Œuvres complètes›. Paris 1969. Bd. IV, S. 276). Paradoxerweise hat diese Einstellung Rousseaus gegen die Stadt einen weitreichenden Einfluß in einem Land gehabt, das die anspruchsvollsten der je in der Geschichte unternommenen städtischen Siedlungsvorhaben verwirklicht hat, das heißt die USA. «Unbehagen und Mißtrauen sind die hervorstechendsten Einstellungen des amerikanischen Intellektuellen gegenüber der amerikanischen Stadt», stellt M. White fest (vgl. M. White: ‹The Philosopher and the Metropolis in America› in: ‹Urban Life and Form›. Hg. von W. Z. Hirsch. New York 1965; und auch M. und L. White: ‹The Intellectual Versus the City – From Thomas Jefferson to Frank Lloyd Wright›. New York 1964). Die Polemik gegen die Stadt (im Eintreten für eine idealisierte Natur) erreicht ihren Höhepunkt am Ende des 19. Jahrhunderts. In den zwanziger Jahren unseres Jahrhunderts wird das Interesse an dem Thema schwächer. Allmählich beginnt man, die moderne Stadt – als welche sie sich während des Kapitalismus entwickelt hatte – als ein unbehebbares Übel zu betrachten. Viele resignieren; wer etwas zäher ist, sucht Zuflucht bei den Landschafts- und Naturpflegern. Die Bereitwilligkeit, allein der Stadt die Schuld an jeder ökologischen Katastrophe aufzubürden, hat heute zu einem Wiederaufleben der traditionellen Einstellung Rousseauscher Prägung geführt. Sie tritt vielleicht noch unversöhnlicher auf. Und zu gleicher Zeit finden wir eine Verteidigung der Stadt um jeden Preis, auch um den Preis des gesunden Menschenverstandes und sogar der Redlichkeit. Das beste Beispiel dafür liefert das letzte Buch von Jane Jacobs (‹The Economy of the City›. New York 1969): die aufs Äußerste gehende Anstrengung des amerikanischen Liberalismus, um das skandalöse Versagen der heutigen Stadt zu rechtfertigen. Ein naiver Versuch, zu beweisen, daß die Stadt gerade wegen ihres Versagens immer zu spontaner Erneuerung fähig ist. Wir treffen hier von neuem auf die Ideologie des bereits erwähnten *happy end* (S. 70). Merkwürdigerweise taucht hier die Redensart «je schlimmer, desto besser» (S. 74) wieder auf, die zum roten Faden der Argumentation der entgegengesetzten Richtung gehört, zu den Verkündern des *unhappy end*. Wenngleich diesmal in der Tonart eines wohlmeinenden liberalen Optimismus: je schlimmer es mit der Stadt wird, desto mehr wächst ihre Wirtschaftsdynamik, und desto mehr wächst die Wahrscheinlichkeit ihrer Rettung. Hierzu einige Zitate aus dem Buch der Autorin: «Wer meint, daß wir besser ohne Städte dran wären, besonders ohne große, unkontrollierbare und ungeordnete Städte, wird nicht müde, zu erklären, daß die zu groß gewordenen Städte in jedem Fall ineffektiv und inoperabel sind» (S. 85). «Aber ich verfechte das Argument, daß diese ernsten und wirklichen Mängel für die Wirtschaftsentwicklung notwendig sind und somit für das Wirtschaftsleben eine einzigartige Wichtigkeit gewinnen. Damit möchte ich nicht sagen, daß die Stadt einen Wirtschaftswert besitzt, trotz ihrer Ineffektivität und Inoperabilität, sondern vielmehr, weil sie ineffektiv und inoperabel ist» (S. 86). Der Diskurs läßt nichts an Deutlichkeit zu wünschen übrig. Nichts bleibt verborgen. Man versteht alles. Und was man versteht, ist wahrlich unerhört. Letzten Endes besäße in dieser Sicht die körperliche und geistige Gesundheit der Menschen, die in der «ineffektiven und inoperablen Stadt» leben, wenig Bedeutung; diese wäre nach Jacobs allein für die «Wirtschaftsentwicklung» reserviert. Es ist rührend, daß man in unserer Epoche offener Revolte gegen alle Stereotype des traditionellen Denkens einen so klaren, so wenig verschleierten Ausdruck des traditionellen bürgerlichen Ökonomismus findet. Die Debatte über die Stadt, sofern sie in so abstrakt allgemeinen Ausdrücken geführt wird, kann nur in einer Sackgasse enden. So kann die Beziehung zwischen Entstädterung und Entgesellschaftung niemals auf überzeugende Weise erhellt werden: die Problematik Stadt–Land übersteigt den Konflikt zwischen Stadtfanatikern und Stadtphobikern, zwischen den Verteidigern und den Gegnern der Stadt. Hier wäre ein weiterer Gedankengang zu prüfen, der sich relativ am Rande dieser Auseinandersetzung entwickelt hat. Wir meinen damit die in der Erörterung zwischen den Marxisten implizierte Ausrichtung einer sozialistischen regionalen Siedlungspolitik. Die Vorläufer dieser Debatte reichen bis auf Engels und Marx zurück. Wohlbekannt ist die heftige Anklage aus dem Jahre 1845 gegen die kapitalistische Antinomie Stadt–Land. Diese Antinomie hätte ihnen zufolge den Menschen dazu verurteilt, einerseits ein ‹borniertes Stadttier› und andererseits ein ‹borniertes Landtier› zu werden. Es verdient aber hervorgehoben zu werden, daß es gerade Marx und Engels gewesen sind, die bei dieser Gelegenheit als erste die Komplexität des Problems Stadt–Land herausgestrichen und davor gewarnt haben, allzu einfachen Wunderrezepten zu verfallen. «Die Aufhebung des Gegensatzes von Stadt und Land ist eine der ersten Bedingungen der Gemeinschaft, eine Bedingung, die wieder von einer Masse materieller Voraussetzungen abhängt und die der bloße Wille nicht erfüllen kann, wie jeder auf den ersten Blick sieht. Diese Bedingungen müssen noch entwickelt werden» (K. Marx und F. Engels: ‹Die deutsche Ideologie›. [MEGA, 1. Abt.]. Moskau–Leningrad 1932/33, S. 39 f). Später, im «Anti-Dühring», entwickelt Engels seine so oft mißverstandene Theorie der «gleichmäßigen Verteilung» der Großindustrie, ohne wiederum zu vergessen, die Aufmerksamkeit auf jene Schwierigkeiten zu lenken, die dabei zu überwinden wären. «Die Zivilisation hat uns freilich in den großen Städten eine Erbschaft hinterlassen, die zu beseitigen viel Zeit und Mühe kosten wird» (F. Engels: ‹Herrn Eugen Dührings Umwälzung der Wissenschaft›. Leipzig 1878. S. 245 f). Sicher, mit Hilfe des ‹bloßen Willens› und ohne gründliche Erforschung der ‹materiellen Voraussetzungen› stellt sich der Vorschlag einer ‹gleichmässigen Verteilung› wenn auch nicht als Utopie, so doch zumindest als abstrakte gedankliche Konstruktion dar. Nicht zu übersehen wäre, daß der Vorschlag auf nichts weniger als auf eine Verschmelzung zwischen Stadt und Land abzielt, das heißt darauf, eine sozialistische städtische Kontinuität mit einer kapitalistischen städtischen Diskontinuität zu konfrontieren. Doch hatte Engels bereits einige Jahre vor dem «Anti-Dühring» jene als kleinbürgerliche Reformisten gebrandmarkt, die im Gedanken der Verschmelzung nur eine utopische Velleität sehen (vgl. seine berühmte Polemik gegen Proudhon, Sax und vor allem Müllberger in ‹Zur Wohnungsfrage›, 1.-3. Heft des *Volksstaat*, Leipzig 1872). Kurz gesagt: die Begründer des Marxismus wehrten sich sowohl gegen die übermäßige Vereinfachung der linken Voluntaristen als auch gegen die übermäßige Vorsicht der rechten Reformisten. Deshalb hat sich die Erörterung zwischen den Marxisten über die Zukunft der Beziehung zwischen Stadt und Land immer als ein Konflikt zwischen Voluntaristen und Reformisten abgespielt, oder besser: als eine dauernde, gegenseitige Anklage, ein Voluntarist oder ein Reformist zu sein. Es ist nun recht erstaunlich, daß diese Auseinandersetzung nicht immer durch das Interpretationsschema von Marx und Engels bedingt war. Der Begriff zum Beispiel der ‹linearen Stadt› – in seinem Ursprung nicht marxistisch und vielleicht sogar von haussmannianischer Prägung – hat hierbei eine nicht weniger ausschlaggebende Rolle gespielt. Auch hier stoßen wir auf einen Vorschlag zur Verschmelzung von Stadt und Land; doch unterscheidet er sich erheblich von dem vorher erwähnten. In diesem Fall wird die Verschmelzung in Termini einer radikalen Umwälzung der Siedlungsformen begriffen, nicht also – wie bei Marx und Engels – im Sinne einer radikalen Umwälzung der Gesellschaft. Der erste Verfechter der ‹linearen Stadt›, der spanische Ingenieur Arturo Soria y Mata, schrieb im Jahre 1882: «Es ist daher eine allgemein unumgängliche und dringende Aufgabe, die Vorteile des Lebens auf dem Lande und in der Stadt zu versöhnen und deren Nachteile auszumerzen. Verländlichung des städtischen Lebens und Verstädterung des Landes – das ist ein Problem, dessen Lösung heute mit der linearen Stadt gegeben ist» (vgl. A. Soria y Mata: ‹La ciudad lineal› in: *El Progreso* [10. April 1882], erneut veröffentlicht in *Hogar y Arquitectura* 63 [März–April 1966], S. 61). Die ‹lineare Stadt› von Soria gehört zu den ersten Versuchen, visuell, also physisch, eine besondere Deutung der Verschmelzung von Stadt und Land zum Ausdruck zu bringen. Es folgen, wie allgemein bekannt, andere Beispiele. Erinnert sei zum Beispiel an die Siedlungsentwürfe in Linearform von Le Corbusier (1930), R. Neutra (1923–30), F. L. Wright (1934–35), L. Hilbersheimer (1944) und Kenzo Tange (1960). Aber erst in der Sowjetunion am Ende der zwanziger Jahre gewinnt die Idee der ‹linearen Stadt› ihre wahre theoretische und praktische Bedeutung. Zu jener Zeit rückte sie ins Zentrum der Auseinandersetzung zwischenden voluntaristischen ‹Desurbanisten›, die für die lineare Stadt eintreten (M. Baršč, M. Ginzburg, M. Ochitovič, N. Sokolov und A. L. Pasternak) und den reformistischen ‹Urbanisten›, die für die Erneuerung der herkömmlichen Stadt sind (vgl. L. M. Sabsovič u. a.: ‹La costruzione della città sovietica 1929–31›. Hg. von P. Ceccarelli. Padua 1970; A. Kopp: ‹Ville et révolution – Architecture et urbanisme›. Paris 1967; V. de Feo:‹URSS Architettura 1917–1936›. Rom 1963; V. Quilici: ‹L'architettura del costruttivismo›. Bari 1969). Aus der Kontroverse gehen Reformisten als Sieger hervor, die bedachtsamen Realisten. Über die Gründe dieses Sieges hat man sich zu höchst verschiedenartigen (und entgegengesetzten) Deutungen verstiegen. Persönlich neigen wir zur These von P. Ceccarelli, wie er sie in der ausgezeichneten Einleitung zu dem Buch ‹La costruzione della città sovietica 1929–31› entfaltet hat. Demnach hätten weder die Sieger noch die Unterlegenen im allgemein geschichtlichen Sinne recht gehabt; doch im spezifischen geschichtlichen Kontext der Sowjetunion waren die Sieger in der Lage, ein realisierbares operatives Programm zu unterbreiten, wogegen ihre Gegner in diesem Punkt versagten; oder vielmehr: das trotz der Anstrengungen von Miljutin ausgearbeitete Programm vermochte nicht, die Fachleute der Planung zu überzeugen, die schon von vornherein den oberflächlichen, willkürlichen und abenteuerlichen Charakter der damit verbundenen Voraussetzungen angegriffen hatten. Offensichtlich war es nicht damit getan, die Entstädterung zu proklamieren. Man mußte zeigen, in welcher Weise ein Prozeß der Entstädterung im Rahmen eines im Aufbau befindlichen sozialistischen Staates praktisch einzuleiten wäre. Anders formuliert: man mußte eine – übrigens ganz konkrete – Antwort auf die Frage finden, wie dieser Prozeß mit den unaufschiebbaren Anforderungen der anderen Entwicklungsprozesse der Gesellschaft als Ganzes in Einklang zu bringen wäre. Das Warten auf eine Antwort war vergeblich, wie auch die Hoffnung, die Zweideutigkeit des Begriffs der Entstädterung behoben zu sehen. Das Schwanken der Bedeutung dieses Begriffs hatte bekanntlich erhebliche Mißverständnisse heraufbeschworen, von denen selbst die Verteidiger der ‹linearen Stadt› nicht verschont blieben (vgl. dazu den Briefwechsel zwischen Le Corbusier und dem sowjetischen Architekten Ginzburg im Jahre 1930). Die seither verstrichene Zeit hat nicht zu einer Klärung des Begriffs verholfen. Immer mehr verflüchtigt sich sein Sinn. In einer Epoche wie der heutigen, einer Epoche massiver Verstädterung, läßt sich die Idee der Entstädterung kaum dingfest machen. Mehr noch: sie scheint gegen den gesunden Menschenverstand zu verstoßen. Für viele Planer, besonders für die Marxisten, hat das Wort Entstädterung heute etwas Kompromittierendes an sich. Es hat keinen Sinn – so sagen sie –, sich auf ein Wort zu versteifen und damit das Schicksal der Verwirklichung einer Idee zu präjudizieren. Sie haben recht. Denn alles in allem verbirgt sich hinter ihr nichts weiter als das wohlbekannte Phänomen der räumlichen Dezentralisierung von Siedlungen. Wir wollen nicht abstreiten, daß auch im Wort Dezentralisierung eine gewisse

Zweideutigkeit enthalten ist; Dezentralisierung läßt heute sich als Tendenz sowohl in der kapitalistischen wie in der sozialistischen Gesellschaft feststellen. Doch die Zweideutigkeit läßt sich beheben. Denn es gibt einen wesentlichen Unterschied zwischen kapitalistischer und sozialistischer Dezentralisierung (Entballung). Während erstere nur darauf zielt, zu megalopolisieren, also auf den Maßstab eines Landes dieselben Verfahren der Entgesellschaftung zu übertragen, wie sie auf dem Niveau der Stadt und sogar dem Stadtviertel durchgängig praktiziert werden, richtet sich die letztere dagegen auf die Infrastrukturen der Siedlung zum Zweck einer weitreichenderen, intensiveren, gehaltvolleren und wirksameren Vergesellschaftung. Nun wäre zuzugeben, daß in der sozialistischen Gesellschaft die technisch-organisatorischen Voraussetzungen für eine totale Vergesellschaftung noch nicht völlig sichtbar sind (vgl. A. Gorz: ‹Le socialisme difficile›. Paris 1967). Eine absolute Vergesellschaftung würde eine absolute Angleichung der Rollen der Individuen in der Gesellschaft voraussetzen. Anders gesagt: eine endgültige Überwindung der Arbeitsteilung, der Spezialisierung auf bestimmte Aufgaben. Folgerichtig wäre jedes Individuum zu gleicher Zeit Intellektueller, Arbeiter und Bauer; leistete also zu gleicher Zeit geistige wie körperliche Arbeit. An und für sich wäre demgegenüber nichts einzuwenden. Läßt man sich aber in die Praxis ein, muß man erkennen, daß alle in dieser Richtung verlaufenden Bemühungen bis heute auf unüberwindliche Schwierigkeiten gestoßen sind. Man hat eine schlagartige radikale Umwälzung des Überbaus verordnen wollen, man hat versucht, den Entwicklungsgang auf eine neue ‹zivile Gesellschaft› hin zu beschleunigen. Die Ergebnisse derartiger Unternehmen sind bislang recht bescheiden, ja negativ ausgefallen. Die ‹sozialen Kosten›, die für das wenige Erreichte aufzubringen waren, haben astronomische Ausmaße angenommen: es kam zu ernsthaften Fehlleistungen im Überbau (das sowohl in Form eines operativen Versagens der Institutionen als auch in Form einer technisch-beruflichen und menschlichen Frustration bei den Individuen) – was alles nicht ohne Folgen bleibt. Die Unzulänglichkeiten im Überbau haben ihrerseits ebenso ernste Folgen im Unterbau (Basis) hervorgerufen (das sowohl in Form nicht erreichter Produktionsziele wie auch in Form einer allgemeinen Verlangsamung der Reinvestitionspläne in der sozialistischen Landwirtschaft und Industrie). Vor kurzem hat Fidel Castro in einer mutigen Selbstkritik die wenig befriedigenden Ergebnisse der letzten *zafra* auf Kuba anerkannt. Mit dem Überbau muß man offenbar recht behutsam umgehen. Der ‹vielseitige Mensch› läßt sich leichter proklamieren als realisieren. Das Ideal des ‹vielseitigen Menschen› – in der Renaissance sprach man vom ‹Universalmenschen› – gehört in die Reihe der großen humanistischen Ideale. Doch eines ist neu daran: heute wollen wir, daß alle Menschen vielseitig sind und nicht nur eine privilegierte Gruppe. Dieses Ideal zielt also noch höher. Die Geschichte indessen lehrt folgendes: je anspruchsvoller unsere Ideale, desto größer die Gefahr, ‹danebenzuhauen› und somit auf einen noch prekäreren Stand zurückzufallen als vorher. Je weiter also unser Programm zielt, desto strenger muß es durchdacht werden. Der ‹vielseitige Mensch›, der als Voraussetzung für die Verschmelzung von Stadt und Land dient, bleibt noch eine unbekannte Größe. Wir sprechen hier von unbekannter Größe nicht nur für die marxistische philosophische Anthropologie, sondern auch für die sozialistische Planung. In der Debatte über die Verschmelzung von Stadt und Land zog man es gemeinhin vor, diese unbekannte Größe als schon bekannt voranzuspiegeln. Somit bewegte sich die Erörterung mehr auf spekulativer als auf pragmatischer Ebene. Es ist bedauerlich, daß die neuerliche Wiederaufnahme der Thematik mehr auf der ersten als auf der zweiten Ebene verweilt (vgl. G. Dato u. a.: ‹Città del capitale e territorio socialista› in: Ideologie 9–10 [1969].

74] N. Hartmann: ‹Systematische Methode› in: Logos 3 (1912), S. 121–163.

75] L. von Bertalanffy: ‹General System Theory› in: ‹General Systems. Yearbook of the Society for the Advancement of General Systems Research› 1 (1956), S. 1–10; vgl. auch ‹General System Theory – A Critcal Review› in: ‹General Systems. Yearbook of the Society for General Systems Research› 7 (1962), S. 1–20, abgedruckt in: ‹Modern Systems Research for the Behavioural Scientist› (Hg. von W. Buckley und Anatol Rapoport. Chicago 1968. S. 11 f); weiterhin ‹General Theory of Systems Application to Psychology› in: ‹The Social Sciences – Problems and Orientations› (Den Haag–Paris 1968. S. 309 f); und ‹General System Theory – Foundations, Development, Applications› (New York 1969). Der Systembegriff aus der Sicht des Biologen ist eingehend auch von J. C. Miller erläutert worden: ‹Living Systems – Basic Concepts› in: Behavioural Sciences (Juli 1965), S. 193–237.

76] In seinem Artikel ‹La dissacrazione della guerra e i fondamenti della scienza› (in: ‹Dissacrazione della guerra›, a. a. O., S. 15, 18) unterscheidet F. Fornari zwischen intrasystemisch, intersystemisch und transsystemisch. Die ersten beiden Begriffe sind akzeptabel, nicht dagegen der dritte: die Möglichkeit eines transsystemischen Verhaltens gehört unserer Ansicht nach ins Reich reiner Spekulation.

77] C. Foster, Anatol Rapoport und E. Trucco: ‹Some Unsolved Problems in the Theory of Non-Isolated Systems› in: ‹General Systems. Yearbook of the Society for General Systems Research› 2 (1957), S. 9–29.

78] V. Pareto: ‹Trattato di sociologia generale›. Florenz 1916.

79] É. B. de Condillac: ‹Traité des systèmes› in: ‹Œuvres philosophiques de Condillac›. Paris 1769. Bd. V, S. 5; vgl. auch ‹Dictionnaire des synonymes› in: Œuvres philosophiques de Condillac›. Paris 1951. Bd. III, S. 511 f.

80] T. Parsons und E. A. Shils: ‹Toward a General Theory of Action›.

Cambridge (Mass.) 1954; vgl. Mills, ‹The Sociological Imagination›, a. a. O., S. 25 f.

81] A. D. Hall: ‹A Methodology for Systems Ingeneering› (Princeton [N. J.] 1962): «Ein System ist eine Menge von Gegenständen sowie Beziehungen zwischen den Gegenständen und ihren Eigenschaften» (S. 60); vgl. im selben Text die Unterscheidung zwischen System als solchem und «Außensystem», das er «Umwelt» nennt: «Für ein gegebenes System ist die Umwelt die Menge aller Gegenstände außerhalb des Systems: 1. eine Änderung in deren Eigenschaften das System beeinflußt und 2. deren Eigenschaften durch das Verhalten des Systems geändert werden» (S. 61). «Es verdient hervorgehoben zu werden, daß physikalische Systeme nicht nur in einer Umwelt, sondern vermittels einer Umwelt existieren» (S. 62).

82] Hall, a. a. O., S. 65 f: «Die Mehrzahl der physikalischen Systeme verändert sich mit der Zeit. Wenn diese Änderungen zu einem allmählichen Übergang von Ganzheit zu Unabhängigkeit führen, spricht man von *progressiver Faktorisierung* des Systems. Man kann zwei Arten progressiver Faktorisierung unterscheiden. Die erste und einfachste Art . . . entspricht dem Verfall. Es ist so als ob sich durch häufige Benutzung die Legesteine eines Geduldspiels so abschleifen, daß sie unterschiedslos aneinanderpassen. Oder nehmen wir ein Auto, das nicht weiter instandgehalten wird. Der Motor würde sich abnutzen, die Reifen würden durchscheuern und schließlich würden sich einige Teile nicht mehr systemgerecht verhalten. Die zweite Art der progressiven Faktorisierung entspricht dem Wachstum. Das System verändert sich in Richtung auf eine zunehmende Gliederung in Subsysteme und Subsubsysteme oder in eine Differenzierung von Funktionen. Diese Art von Faktorisierung tritt in Systemen mit kreativen Prozessen und überhaupt in Entwicklungsprozessen auf.»

83] W. Buckley: ‹Sociology and Modern Systems Theory›. Englewood Cliffs (N. J.) 1967, S. 58 f.

84] R. Benedict: ‹Échantillons de civilisation›. Paris 1950. S. 98.

85] H. Arendt: ‹Über die Revolution›. München 1963. S. 333 f.

86] R. Luxemburg: ‹Organisationsfragen der russischen Sozialdemokratie› in: ‹Schriften zur Theorie der Spontaneität›. Hg. von S. Hillmann. Reinbek 1970. S. 69–88 (vgl. auch P. Nettl: ‹Rosa Luxemburg›. [Köln–Berlin 1967]).

87] M. Weber: ‹Die drei reinen Typen der legitimen Herrschaft› in: ‹Soziologie, Weltgeschichtliche Analysen, Politik›. Hg. von J. Winkelmann. Stuttgart 1956. S. 151.

88] M. Weber: ‹Der Beruf zur Politik›, a. a. O., S. 180.

89] E. Bloch: ‹Thomas Münzer als Theologe der Revolution›. Frankfurt a. M. 1962.

90] Vgl. W. Benjamin: ‹Das Kunstwerk im Zeitalter seiner technischen Reproduzierbarkeit› (Frankfurt a. M. 1963. S. 48 f): «Der Faschismus läuft folgerecht auf eine Ästhetisierung des politischen Lebens hinaus . . . Alle Bemühungen um eine Ästhetisierung der Politik gipfeln in einem Punkt. Dieser Punkt ist der Krieg.»

91] Tom Wolfe: ‹Das bonbonfarbene tangerinrot-gespritzte Stromlinienbaby› (Reinbek 1968): vgl. auch ‹The Electric Kool-Aid Acid Test› (London 1969). In diesem Buch finden sich sehr lebendige Beschreibungen anderer ‹Stadtlandschaften› des Typs Las Vegas in den USA: «Einer nach dem anderen leuchteten die Schriftzüge mit neon-magentaroten Martinigläsern darüber auf, das ‹Bar›-Symbol von San Francisco — Tausende von neon-magentaroten Martinigläsern, die anstoßen und die Anhöhe herunterströmen . . .» (S. 3). «Was für ein Leben! Ein wunderbarer Platz, eine herrliche Zeit, sag ich Ihnen! Eine wahre Neon-Renaissance . . .» (S. 41). Hier spricht fast der gleiche naive Enthusiasmus gegenüber der heraufkommenden Maschinenwelt wie bei W. Whitman, G. Apollinaire, F. T. Marinetti, B. Cendrars und V. Majakovskij.

92] Die Versuche, sich der Begriffe der Semiotik zu bedienen, um kommunikative (und sogar ästhetische) Phänomene in Architektur, Stadtbau und Industrial Design zu beschreiben, haben bis jetzt aus verschiedenen Gründen nicht zu den erwarteten Resultaten geführt. Der hauptsächliche Grund dafür liegt in der Unreife des semiotischen Begriffssystems selbst, zu dem übrigens der einzig wirklich systematisch gegliederte Vorschlag von Ch. W. Morris stammt. Obgleich bekanntlich diese Terminologie weitgehend vom Behaviorismus geprägt ist, wäre es falsch, sie allein darauf festzunageln. Es sei daran erinnert, daß die Semiotik von Morris sich direkt von Ch. S. Peirce herleitet, der die beste Tradition der Bedeutungstheorie von Aristoteles, Sextus Empiricus, Petrus Hispanus, Duns Scotus, W. von Ockham, G. W. von Leibniz, A. De Morgan. G. Boole, W. S. Jevons und vielen anderen genial interpretiert und fortgesetzt hat. Morris wurde auch stark von zeitgenössischen Denkrichtungen beeinflußt, die nichts oder nur sehr wenig mit dem Behaviorismus zu schaffen haben, zum Beispiel vom Neopositivismus des Wiener Kreises, der Logik der polnischen Schule, dem Pragmatismus von J. Dewey und A. F. Bentley, der Philosophie der symbolischen Formen von E. Cassirer, der Neorhetorik von I. A. Richards und Ch. K. Odgen, den Anfängen der Sozialpsychologie von G. H. Mead, der Linguistik von F. de Saussure. (Zur Kritik am Behaviorismus vergleiche unsere Einleitung zum ‹Beitrag zur Terminologie der Semiotik› [Korrelat]. Ulm 1961). Morris hat außerdem die Möglichkeit erkannt, die Semiotik zur Analyse ästhetischer Phänomene heranzuziehen. Seine wichtigsten Beiträge zu diesem Thema sind: ‹Esthetics and the Theory of Signs (ETS)› (in: Journal of Unified Science 8 [1939]) und ‹Science Art and Technology (SAT)› (in: Kenyon Review 1:4 [Herbst 1939]). Es ist hier nicht der Ort, Probleme der semiotischen Ästhetik zu diskutieren; doch sei darauf hingewiesen, daß sich die Schwierigkeiten, die sich im Verlauf der letzten dreißig Jahre bei dem Versuch, die Semiotik in den oben aufgezählten Bereichen anzuwenden, ergeben haben, bereits von Morris in diesen beiden Artikeln herausgeschält worden sind. (Zu den gegenwärtigen Schwierigkeiten beim Gebrauch bestimmter Begriffe der morrisianischen Semiotik vgl. den ausgezeichneten Artikel von F. Rossi-Landi: ‹Significato, ideologia e realismo artistico› in: *Nuova Corrente* 44 [1967], S. 300–342.) Die Definition des Begriffs ‹ikonisches Zeichen› bleibt bis heute eines der größten Hindernisse. Konfrontiert mit der abstrakten Kunst als einer Kunst, die per definitionem sich der Ikonizität entzieht, war Morris gezwungen, eine nuanciertere, aber abgeschwächte Definition des ikonischen Zeichens auszuarbeiten. Zunächst hatte er in ETS das Kunstwerk als Zeichen, oder besser als ikonisches Zeichen, gefaßt; doch in SAT mußte er zugeben, daß der Referent eines ästhetischen ikonischen Zeichens ein Wert und nicht ein Gegenstand ist (vgl. dazu X. Rubert de Ventós: ‹Teoria de la sensibilidad›. Barcelona 1969. S. 442). M. Bense gehörte in den Nachkriegsjahren zu den ersten, die das semiotische Begriffssystem von Morris zur Analyse nicht nur der Zeichenstrukturen von Kunstwerken, sondern auch von Industrieprodukten zu benutzen versuchten (M. Bense: ‹Aesthetica I›. Stuttgart 1954; ‹Aesthetica II. Aesthetische Information›. Krefeld 1956; ‹Aesthetica III. Aesthetik und Zivilisation›. Krefeld 1958; ‹Aesthetica IV. Programmierung des Schönen›. Krefeld 1960). Der Versuch von Bense, eine Ästhetik zu entwickeln, in die theoretische Elemente sowohl der Semiotik als auch der Informationstheorie eingehen, hat trotz vielseitiger positiver Ausstrahlungen nicht solche Resultate erbracht, die angesichts des hier interessierenden Problems Relevanz besäßen. Der größte Hemmschuh ist darin zu sehen, daß Bense sich hartnäckig weigert, mit der Tradition der deutschen idealistischen Ästhetik zu brechen, und daß er weiterhin mit dem Schönheitsbegriff operiert, was um so unerklärlicher ist, als er sich so oft auf das Denken von Peirce beruft. Der große Einsiedler von Mildford schrieb: «Die Entwicklung der Ästhetik litt darunter, daß sie als Theorie der Schönheit begriffen wurde» (‹Collected Papers of Charles Sanders Peirce›. Hg. von C. Hartshorne und P. Weiss. Cambridge [Mass.] 1960. Bd. II, S. 117). Ein weiterer Faktor mit negativem Einfluß auf den vielversprechenden Ansatz Benses liegt in dem Bestreben, die ‹Schönheit mathematisieren› zu wollen. Das mündete in einen Neopythagorismus, in eine Art akademischer Kompositions- und Proportionslehre, die nun – im Gegensatz zur klassischen Lehre – mit Hilfe semiotisch-informationstheoretischer Begriffe dargestellt und durch Computer realisiert wird. Diese Tendenz hat blank regressive Züge bei seinen Schülern und Anhängern angenommen. Über G. D. Birkhoff, den sie mißdeuten, fallen sie zurück in höchst naive Vereinfachungen ästhetischer Phänomene und Prozesse, worin sich die ‹experimentelle› Ästhetik von G. Th. Fechner, W. Wundt und Th. Lipps hervortrat. Alle Probleme des ästhetischen Präferenzverhaltens, sei es auf der Ebene des Individuums, der Gruppe oder einer Kultur, existieren praktisch nicht für diese Spezialisten der Informationsästhetik. Ohne viel Federlesens zu machen, haben sie Gesellschaft und Geschichte ins Asyl geschickt (vgl. R. Gunzenhäuser: ‹Ästhetisches Maß und ästhetische Information›. Quickborn 1962; K. Alsleben: ‹Ästhetische Redundanz›. Quickborn 1962; R. Garnich: ‹Konstruktion, Design, Ästhetik›. Esslingen a. N. 1968). Doch als kläglichstes Beispiel dieses Ansatzes darf man das Buch von M. Kiemle betrachten:‹Ästhetische Probleme der Architektur unter dem Gesichtspunkt der Informationsästhetik› (Quickborn 1967). In Italien stützt sich das Interesse an den logisch-philosophischen Grundlagen des Bedeutungsproblems auf eine glänzende Tradition, vor allem wenn man an das Monumentalwerk von G. Peano denkt (vgl. G. Peano: ‹Formulario matematico› [Rom 1960] und weiterhin ‹Opere scelte› [Rom 1957–59]). Die Verbreitung der Semiotik von Morris in der Nachkriegszeit ist S. Ceccato und besonders F. Rossi-Landi zu verdanken, einem der besten Kenner des morrisianischen Denkens in Europa. In Italien hat man die Analyse der Beziehung ‹Semiotik–Architektur› auf sachlich fruchtbare Weise weitergeführt: als semantische Kritik am kritischen Diskurs der Architektur. Genau das leistete der ausgezeichnete Artikel von S. Bettini: ‹Critica semantica e continuità storica dell'architettura europea› in: Zodiac 2 (1958), S. 7–25 – ein Bemühen – wie Bettini selbst es beschrieb –, «die Unkritisierbarkeit der Architektur zu überwinden» (S. 18). Für die allgemeine Darstellung der Beziehung zwischen Semiotik und Architektur sei auf die wichtige Veröffentlichung von G. Dorfles: ‹Il divenire delle arti› (Turin 1959) und mehr noch auf ‹Simbolo, comunicazione e consumo› (Turin 1962; vgl. das Kapitel «Tipologia e semantica architettonica») verwiesen. Die Anwendung morrisianischer Begriffe zur Analyse des Architekturenentwurfs geht auf G. K. Koenig zurück (vgl. sein Buch ‹Analisi del linguaggio architettonico› [Florenz 1964], das sich auf Vorlesungsnotizen von Koenig aus den Jahren 1960 und 1961 stützt). Auf diesen Beitrag folgten zahlreiche Veröffentlichungen, in denen die Problematik der Architektur als Sprache unter verschiedenen Gesichtspunkten erörtert wird (vgl. C. Brandi: ‹Struttura e architettura›, Turin 1967; R. de Fusco: ‹Architettura come mass-medium – note per una semiologia architettonica›. Bari 1967; U. Eco: ‹La struttura assente – introduzione alla ricerca semiologica›. Mailand 1968; R. de Fusco: ‹Tre contributi alla semiologia architettonica› in: Op. cit. 12 [Mai 1968]; J. M. Rodriguez u. a.: ‹Architettura come semiotica›. Mailand 1968). Die verdienstvollste Arbeit, den Diskurs über die Beziehung Semiotik–Architektur voranzubringen, findet sich wohl in dem Abschnitt C des Buches von Eco. Allgemein aber darf man sagen, daß diese zuletzt aufgezählten Veröffentlichungen fast ausnahmslos unter dem höchst schädlichen Einfluß der ‹Semiologie› der französischen Schule leiden; denn diese fiel hinter den Stand der begrifflichen Entwicklung zurück, die bereits eine gewisse Kohärenz erlangt hatte (vgl. F. Choay: ‹Semiologie et urbanisme› in: Architecture d'Aujourd'hui

38 [Juni–Juli 1967] S. 8–10). Die strukturalistische ‹Semiologie› kommt keinen Schritt über Morris hinaus, wobei sie von den ersten, sicherlich genialen Einsichten F. de Saussures zehrt. Einer der wenigen interessanten Beiträge von R. Barthes zu diesem hier anstehenden Problem liegt in der Feststellung, daß von «der Sprache der Stadt» zu reden ein metaphorischer Mißgriff sei. Durchaus recht hat Barthes auch mit seinem Appell, dem er selbst allerdings nicht Folge leistet, «von der Metapher zur Sinnbeschreibung überzugehen» (R. Barthes: ‹Semiologia urbanistica› in: Op. cit. 10 [September 1967], S. 11). Eben darauf bezogen wir uns, als wir anfangs von der Dürftigkeit der erbrachten Resultate sprachen. Die Semiotik (oder Semiologie) der Architektur klebt immer noch am Metaphorischen. Offenbar haben sich die Anstrengungen bisher einzig auf die Ersetzung einer Terminologie durch eine andere gerichtet, und auf wenig mehr. Bei C. Brandi und R. de Fusco spürt man deutlich das Bemühen, die neue Problematik mit bestimmten Elementen der traditionellen Interpretationslehre von H. Wölfflin und E. Panofsky kritisch zu verknüpfen (vgl. H. Wölfflin: ‹Das Erklären von Kunstwerken› [Köln 1940; 1. Ausg. 1921] und E. Panofsky: ‹Meaning in the Visual Arts› [Garden City (N.Y.)1967]). Bisweilen ist der Unterschied zwischen dem «Formerklären» (Wölfflin) und der «Ikonologie» (Panofsky) einerseits und der gegenwärtigen Verwendung der semiotischen Terminologie bei der Deutung von Kunstwerken andererseits nur schwer einsichtig. Der Unterschied besteht momentan hauptsächlich in Worten. Da der Bruch mit der früheren traditionellen Beschreibungsweise sich nur auf die Terminologie erstreckt, verstrickten sich zahlreiche Anhänger des neuen Ansatzes in erhebliche Widersprüche. Ch. Norberg-Schulz zum Beispiel, der in ‹Intentions of Architecture› (Rom 1963) mit großem Scharfblick die Wichtigkeit der Semiotik für die Architekturkritik erkannt hatte, kehrt nun zum Gebrauch von Kategorien eines traditionellen Historismus zurück (vgl. seinen Artikel ‹Il concetto del luogo› in: Controspazio 1 [Juni 1969], S. 20–23). Zu einer Kritik der Beziehung zwischen Semiotik und Architektur s. auch Nuño Portas: ‹A arquitectura para hoje›. Lissabon 1964.S. 110 f.

93] R. Venturi und D. Scott Brown: ‹A Significance for A & P Parking Lots or Learning from Las Vegas› in: The Architectural Forum 128:2 (März 1968). Zum gleichen Thema siehe D. Scott Brown: ‹On Pop-Art – Permissiveness and Planning› in: Journal of the American Institute of Planners 35:3 (Mai 1969) und auch C. Jencks: ‹Pop-Non Pop› in: Architectural Association Quarterly (Winter 1968–69), S. 48.

94] Siehe den Artikel des Verfassers ‹Neue Entwicklungen in der Industrie und die Ausbildung des Produktgestalters› in: ulm 2 (Oktober 1958), S. 30 (vgl. die Diskussion über diesen Artikel mit B. Alfieri, R. Banham, M. Black, G. Dorfles, E. Sottsass jr., M. Zanuso, veröffentlicht in Stile Industria 21 [1959], S. 21–25). Der hier erwähnte Artikel von R. Banham trägt den Titel ‹Industrial Design e arte popolare› (in: Civiltà delle macchi-

ne [November–Dezember 1955]). Im selben Problemzusammenhang dürfte die Lektüre des Einleitungstextes nützlich sein, den J. Eisen für den von ihm besorgten Sammelband verfaßt hat (‹*The Age of Rock – Sounds of the American Cultural Revolution*›. New York 1969). Es heißt bei ihm: «Die fünfziger Jahre haben das Ende der bestehenden Spaltung zwischen Kunst für die Oberen Zehntausend und dem Zirkus für die Unteren Millionen signalisiert» (S. XII). Doch kurz darauf, als er die bitteren Feststellungen von Paul Johnson über die ‹Rock-Music› erörtert, muß er zugeben, daß «die Vergnügungsindustrie und ihre Anhänger nicht zu dem Zweck existieren, die Revolution zu fördern, sondern Geld zu machen, und daß sie auf Kosten eines Kulturverfalls und der Ausnutzung dessen übelster Form leben. Sie kommen den neuen Wünschen der Masse insofern nach, als sie diese Wünsche selbst erzeugen» (S. XIII).

95] Venturi und Scott Brown, a. a. O., S. 91.

96] Amos Rapoport und R. E. Kantor: ‹*Complexity and Ambiguity in Environmental Design*› in: *Journal of the American Institute of Planners* 33:4 (Juli 1967), S. 211.

97] H. Day: ‹*Attention, Curiosity and Exploration*› in: ‹*Design and Planning*›. Hg. von M. Krampen. New York 1965. In diesem Artikel schildert Day die Experimente von D. E. Berlyne über die Beziehung zwischen Neugier und Komplexität in der visuellen Wahrnehmung. Zum gleichen Thema siehe D. E. Berlyne: ‹*Conflict, Arousal and Curiosity*›. New York 1960. S. 81 f; ‹*Novelty and Curiosity as Determinants of Exploratory Behavior*› in: *British Journal of Psychology* 41 (1959), S. 68–80: ‹*Conflict and Information-Theory Variables as Determinants of Human Perceptual Curiosity*› in: *Journal of Experimental Psychology* 53:6 (1967), S. 399–404; ‹*Complexity and Incongruity Variables as Determinants of Exploration Choice and Evaluate Ratings*› in: *Canadian Journal of Psychology* 17:3 (1963), S. 274–290.

98] Marx, ‹*Zur Kritik der Nationalökonomie*›, a. a. O., S. 661.

99] R. Venturi: ‹*Complexity and Contradiction in Architecture*›. New York 1966. S. 23.

100] Vgl. den Artikel des Verfassers ‹*Problemas actuales de la comunicación*› in: *Nueva Vision* 4 (1954), S. 21.

101] S. T. Coleridge: ‹*Biographia Literaria*›. Hg. von J. Shaveross. London 1962. Bd. II, S. 255.

102] Vgl. A. Solomon: ‹*The New Art*› in: ‹*The New Art*›. Hg. von G. Battock und E. P. Dutton. New York 1966. Solomon schreibt: «Es sind Touristen aus einem anderen Land, wohlbemittelt und erfahrungshungrig, was ihnen ermöglicht, Disneyland mit Staunen und Entzücken zu betrachten» (S. 75). «Aus welchen historischen Gründen auch immer, die neuen Künstler sind politisch degagiert (sie haben nicht die politischen Erfahrungen der älteren Generation geteilt). Sie sind frei von Bindungen an Institutionen. In dem Maße, wie sie sich des Eintretens für eine gerechte

Sache begaben (gesellschaftliche Manifestationen), verschrieben sie sich der individuellen Erfahrung und der Suche nach ihrem Aufgehen in der Umwelt (im Gegensatz zu den Mitgliedern der Dada-Gruppe, deren Entfremdung ihnen die Teilnahme verwehrte)» (S. 73); vgl. auch R. Hausmann: ‹Aussichten oder Ende des Neodadaismus› in: ‹Das war Dada – Dichtungen und Dokumente›. Hg. von P. Schifferli. Zürich 1963. Der alte Dadaist Hausmann nimmt bei seiner Einschätzung der Pop-Art kein Blatt vor den Mund: «Dada war neben vielem anderen auch eine Protesthaltung gegenüber der bürgerlichen und intellektuellen Tradition. Der Neodadaismus ist dies entschieden nicht . . .» (S. 161). «Neodadaismus? Nein, einfacher Depressionismus» (S. 164).

103] D. Macdonald: ‹A Theory of Mass Culture› in: ‹Mass Culture – Popular Arts in America›. Hg. von B. Rosenberg und D. M. White. Glencoe (Ill.) 1967. S. 60: «Die Massenkultur wird von oben diktiert. Sie wird von Technikern hergestellt, die von Geschäftsleuten angestellt sind; die Zuhörer sind passive Konsumenten, ihre Teilnahme erschöpft sich in der Wahl zwischen Kaufen und Nicht-Kaufen» (S. 60); vgl. A. Arbasino: ‹Off-Off› (Mailand 1968): Sich an Macdonald anlehnend, führt Arbasino den Gedankengang fort: «. . . ‹Volkstümlich› bedeutet heute, daß diese Kultur industriell für die Massen erzeugt wird (von feingeistigen Intellektuellen, die für RCA und RAI-TV arbeiten und comic strips, Opernplakate und den Domenica del Corriere produzieren) . . . und also nicht spontaner Ausdruck der Masse ist, wie es einst sein mochte mit La bela gigogin und den handgewebten Teppichen aus dem Veltlin und den Steinheiligen an den Wegkreuzungen» (S. 23).

104] Vgl. Weaver, a. a. O., und auch L. S. Feuer: ‹The Principle of Simplicity› in: Philosophy of Science 24:2 (April 1957) und G. Schlesinger: ‹The Principle of Simplicity and Verifiability› in: Philosophy of Science 21:1 (Januar 1959).

105] Die Analyse des Scheiterns der ‹Idealmodelle› bei der Übersetzung in die Wirklichkeit ist noch nicht genügend weit gediehen. Im Bereich der Wohnungssoziologie findet sich die schärfste Kritik – oder besser Selbstkritik – an den zu anspruchsvollen Programmen in dem berühmten Artikel von R. K. Merton: ‹The Social Psychology of Housing› (in: ‹Current Trends in Social Psychology›. Hg. von W. Dennis. Pittsburgh 1948). Die späteren Arbeiten der nordamerikanischen Soziologen – möglicherweise gerade wegen der von Merton aufgedeckten (und nicht verschwiegenen) Hindernisse auf makrosoziologischer Ebene – haben sich fast ausschließlich (und mit zugegebenermaßen brillanten Ergebnissen) auf die Erforschung mikrosoziologischer Probleme gerichtet. Als Beispiele dafür seien die Arbeiten einer Reihe von Wissenschaftlern zitiert wie N. L. Mintz, A. E. Scheflen, R. Sommer, B. Steinzor und Edward T. Hall, die sich auf den Spuren der Vorläufer S. Riemer und F. St. Chapin bewegen. Neuerdings ist auch in der deutschen Soziologie – oder besser Psychosoziologie – das

Interesse an der Wirklichkeit der Städte erwacht (vgl. H. Berndt, A. Lorenzer und K. Horn: ‹Architektur als Ideologie›. Frankfurt a. M. 1968). Die Autoren, Mitarbeiter von Alexander Mitscherlich am Sigmund Freud Institut in Frankfurt a. M., wollen die Kritik an der bürgerlichen Gesellschaft noch einmal auf makrosoziologischer Ebene eröffnen. Die Ergebnisse fallen unserer Ansicht nach recht bescheiden aus. Der Fehler dieser Autoren liegt darin, aus der ‹Funktionalismus›-Kritik in Architektur und Stadtbau den Kern ihrer Kritik an der heutigen Lage der Städte gemacht zu haben. Dafür ist der Zeitpunkt verpaßt, vor allem, wenn man bedenkt, daß die Debatte über den ‹Funktionalismus› schon vor zehn Jahren in CIAM von den Architekten und Städtebauern selbst bis zu extremen Konsequenzen getrieben worden ist (s. dazu G. de Carlo: ‹Questioni di architettura e urbanistica› [Urbino 1965], insbesondere das Kapitel «L'ultimo convegno dei CIAM con una memoria sui contenuti dell'architettura moderna» [1960; S. 60 f]). In den Erörterungen über den Funktionalismus zeigt sich, wie schwer es ist, den Gehalt des Begriffs ‹Funktionalismus› klar zu bestimmen. Das wird auch deutlich bei der Untersuchung der historischen Ursprünge (vgl. E. R. de Zurko: ‹Origins of Functionalist Theory›. New York 1957). Heutzutage verwenden die Historiker, Kritiker und Theoretiker der Architektur und des Stadtbaus den Begriff ‹Funktionalismus› nur aus Gründen der Bequemlichkeit und nicht etwa, weil sie von der semantischen Stimmigkeit dieses Ausdrucks für das besagte Phänomen überzeugt wären. Im Buch der deutschen Psychologen dagegen wird von ‹Funktionalismus› gesprochen, als ob dieser Begriff sonnenklar feststünde. Doch im Grunde wird gegen einen Strohmann polemisiert. Eine marxistische Kritik an der Interpretation der Mitarbeiter Mitscherlichs findet man bei P. Neitzke: ‹Die Agenten der Kulturkritik isolieren!› in: ‹Kapitalistischer Städtebau›. Hg. von H. G. Helms und J. Janssen. Neuwied–Berlin 1970).

106] «Die Praxeologie», definiert Kotarbiński, «ist die allgemeine Theorie effektiven Handelns» (s. T. Kotarbiński: ‹Praxiology – An Introduction to the Sciences of Efficient Action›. Oxford 1965). Dieser Autor hat versucht, einen gemeinsamen Berührungspunkt zwischen zwei Denkrichtungen – logischem Empirismus und Marxismus (oder Pragmatismus von Dewey und Marxismus) – zu finden, die nach den von Lenin in ‹Materialismus und Empiriokritizismus› geäußerten Kritiken gewöhnlich als unvereinbar galten (vgl. auch das Werk, das hierzu eine wichtige Vorläuferrolle übernahm: G. Preti, ‹Praxis ed empirismo›. Turin 1957). Jedenfalls muß eine ‹Allgemeine Theorie der Entwurfspraxis› noch entwickelt werden. Die Praxeologie von Kotarbiński kann trotz ihres unbestreitbaren Interesses nicht als Ausgangspunkt für die Ausarbeitung einer solchen Theorie dienen. Der spekulativ-abstrakte Charakter der Praxeologie beschneidet ihre Operabilität. Zwar werden meisterhaft die jeweils besonderen methodologischen Voraussetzungen erfaßt, die ein ‹wirksames Handeln› im Bereich des Planens und Entwerfens bedingen; doch weiß die Praxeologie keinen Rat, wenn man erfahren möchte, ob im Kontext einer bestimmten Gesellschaft ein solches Handeln gerechtfertigt ist oder nicht. Folgender Punkt wäre nicht unterzubewerten: die neue Theorie müßte unserer Ansicht nach zum Angelpunkt gerade die ethnisch-praktischen (oder sagen wir kurzweg politischen) Implikationen des Planens und Entwerfens haben. Unter allen bisher unternommenen Bemühungen, die Wechselbeziehung zwischen Handeln und kritischem Bewußtsein zu klären, ragt die «Philosophie der Praxis» von Gramsci hervor; sie liefert eine Reihe wertvoller und fruchtbarer Anregungen (vgl. A. Gramsci: *Il materialismo storico e la filosofia di Benedetto Croce*. 8. Aufl. Turin 1966; über die Vorläufer der «Philosophie der Praxis» von Gramsci s. M. Tronti: *Tra materialismo dialettico e filosofia della prassi* in: *La città futura*. Hg. von A. Caracciolo und G. Scalia. Mailand 1959). Diese Seite des Gramscischen Denkens erfreut sich heute bekanntlich nicht allgemeiner Zustimmung. Der tschechische Philosoph K. Kossik zum Beispiel meint, daß die «Philosophie der Praxis» von Gramsci nur in skizzenhaftem Zustand belassen worden sei, wogegen sie doch für uns den wesentlichen Kern seiner Lehre enthalte. Von hier gehen unserer Ansicht nach die wesentlichen Impulse in Richtung einer neuen, nicht nur retrospektiven, sondern prospektiven Hermeneutik des Marxismus aus. Das wird ganz besonders deutlich, wenn man die Philosophie der Praxis mit einigen anderen wichtigen Begriffen von Gramsci zu verkoppeln wagt: die von ihm zur Beschreibung der bipolaren Wirklichkeit des Überbaus eingeführten Kategorien. Auf der einen Seite die ‹politische Gesellschaft›, also die mittels des staatlichen Vollzugs- und Zwangsapparates ausgeübte Herrschaft; auf der anderen Seite, die ‹zivile Gesellschaft› (die Hegel «bürgerliche Gesellschaft» genannt hat), also die mittels privater Institutionen ohne Vollzugs- und Zwangscharakter ausgeübte Herrschaft (vgl. A. Gramsci: ‹*Gli intellettuali e l'organizzazione della cultura*›. 8. Aufl. Turin 1968. S. 9; und auch den Brief an Tatiana vom 7. September 1931 in: ‹*Lettere dal carcere*›. 2. Aufl. Turin 1968. S. 481). In der Regel haben die fortgeschrittenen Länder eine starke ‹politische Gesellschaft›, aber auch eine sehr einflußreiche und dauerhafte ‹zivile Gesellschaft›. In diesen Fällen rät elementare taktische Vorsicht dazu, vor dem Versuch, die ‹politische Gesellschaft› umzuwälzen, eine Aktion in Hinblick auf eine Schwächung der existierenden ‹zivilen Gesellschaft› einzuleiten. Gleichzeitig wäre mittels einer langanhaltenden, zähen und minuziösen Persuasion die Hegemonie einer neuen ‹zivilen Gesellschaft› als immer selbstverständlicher, annehmbarer und sogar wünschbarer darzustellen. Diese Vorsicht erübrigt sich aber offenbar, wenn man die weniger fortgeschrittenen Länder betrachtet, in denen gemeinhin eine ‹zivile Gesellschaft› praktisch nicht existiert und in denen es somit möglich ist, die existierende ‹politische Gesellschaft› zu stürzen und dann erst die neue ‹zivile Gesellschaft› über eine Periode von «Staatsvergötterung» (Gramsci) hin zu entwickeln — wie es in der russischen Revolution geschehen ist und wie es heute in den weniger fortgeschrittenen Ländern Lateinamerikas, Asiens und Afrikas passieren könnte (vgl. A. Gramsci: ‹Passato e presente›. 6. Aufl. Turin 1966. S. 166; und ‹Il risorgimento›. 9. Aufl. Turin 1966. S. 70). Natürlich lauert für viele hinter dem Gedanken der «Staatsvergötterung» von Gramsci ein mögliches Risiko: daß sie mit dem Stalinismus gleichgesetzt würde. Man könnte also meinen, daß diese repressive — nach unserer Ansicht pathologische — Erscheinungsform des Sozialismus ein notwendiger Schritt für alle Länder sei, die der ‹zivilen Gesellschaft› ermangeln (vgl. R. Mondolfo: ‹Umanismo di Marx›. Turin 1968. S. 398 f). Indessen wäre zu erkennen, daß Gramsci selbst in der berühmten Passage über dieses Thema (‹Passato e presente›, a. a. O., S. 166) bereits dieser möglichen Fehlinterpretation einen Riegel vorgeschoben hat: «Die Staatsvergötterung ist nichts weiter als die Normalform des ‹Staatslebens› ... sie darf nicht sich selbst überlassen bleiben, insbesondere darf sie nicht in einen theoretischen Formalismus entarten und als ‹ewig› begriffen werden: sie muß kritisiert werden, eben weil sie sich entwickelt und neue Formen des Staatslebens hervorbringt.» Die Unentschiedenheiten, die man im Umkreis des Begriffs der «Staatsvergötterung» Gramscis entdekken kann, ändern durchaus nichts an der Tatsache, daß seine bipolare Vorstellung des Überbaus eine grundlegende Wende in der traditionellen und heute höchst aktuellen Auseinandersetzung über die revolutionäre Strategie bildet. Mit dem Ansatz Gramscis werden viele der harten Meinungsverschiedenheiten über dieses Thema dialektisch (und nicht eklektisch) überwunden. Aus dieser Sicht können verschiedene, sogar entgegengesetzte Strategien gleichermaßen richtig sein: alles hängt ab von der je existierenden Beziehung zwischen ‹ziviler Gesellschaft› und ‹politischer Gesellschaft› in dem System, das man zu stürzen gedenkt. Und gerade in diesem Deutungszusammenhang erweist sich die ‹Allgemeine Theorie der Entwurfspraxis› nun plötzlich nicht nur als machbar, sondern auch als dringend notwendig. Die offenen Fragen, die sie zu beantworten hätte, sind ebenso zahlreich wie komplex. Wenn es wirklich verschiedene Formen des Überbaus und somit verschiedene revolutionäre Strategien gibt, dann muß diese Tatsache einen entscheidenden Einfluß auf die Bestimmung der Rolle — oder besser Rollen — des Planers und Entwerfers ausüben. Den Gedankengang Gramscis fortsetzend ließe sich sagen, daß der Planer und Entwerfer als ‹organischer Intellektueller›, das heißt als ‹Beauftragter› der herrschenden Gruppe (vgl. Gramsci, ‹Gli intellettuali e l'organizzazione della cultura›, a. a. O., S. 9), seine Funktion hauptsächlich innerhalb der ‹zivilen Gesellschaft› und abhängig von ihr erfüllt. Doch wäre es falsch, anzunehmen — wie es so häufig geschieht —, daß der Planer und Entwerfer immer und notwendig ein ‹Beauftragter› der herrschenden, bereits an der Macht sich befindenden Gruppe ist: er kann auch ein ‹Beauftragter› jener Gruppe sein, die sich auf die Übernahme der Herrschaft vorbereitet, insofern sie dabei ist, die alte Macht zu zerschlagen und an ihre Stelle eine neue Macht zu setzen. Es steht ihm offen, eine Mittlerrolle einzunehmen zwischen denen, die die Revolution machen, und denen, die die Revolution lenken (A. Gramsci: ‹L'ordine nuovo 1919–1920›. Turin 1970. S. 71). Eine derartige Rolle wird aber nicht immer nach gleichem Schema realisiert. Auch hier darf man sagen, daß es so viele Formen der Entwurfspraxis wie revolutionäre Strategien gibt.

107] Vgl. E. N. Rogers: ‹Esperienza di un corso universitario› in: ‹L'utopia della realtà›. Bari 1965. In dieser Einleitung zu seinem Kurs an der Architekturfakultät des Polytechnikums in Mailand schreibt der Architekt Rogers: «Bekanntlich bergen dergleichen pädagogische Verfahren die Gefahr in sich, daß die Studenten sie sich nur oberflächlich aneignen und damit enden, ihren Schaffensschwung ins Jenseits der Utopie zu verlagern, wobei sie die Utopie mit dem irrationalen Traum, mit der Schimäre verwechseln. Im Einzelfall werden sie zu Architekten von ‹Luftschlössern› statt zu Erbauern einer neuen Umwelt für einen erneuerten Menschen. Deshalb steht mein Kurs unter dem Motto ‹Utopie der Wirklichkeit›, in dem die untrennbare Verknüpfung der zwei Substantive auf die dialektische Synthese zweier Ausdrücke zielt, die für sich genommen unweigerlich antinomisch bleiben» (S. 14). Der Vorschlag ist gut, aber unvollständig. Es fehlt ihm zum Beispiel das, was in der «konkreten Utopie» von Bloch vorhanden ist: die Überzeugung, daß die ‹dialektische Synthese› zwischen Utopie und Wirklichkeit sich nur mittels eines innovativen Eingriffs ins Gewebe der existierenden Gesellschaftsordnung erreichen läßt (vgl. P. Giordani: ‹Il futuro dell'utopia›. Bologna 1969). Der Verfasser entwickelt eine ‹Utopie des Möglichen›, die er in der Sprache des Stadtbaus definiert als «eine Programmierung, die nicht allzu verschieden ist von der kapitalistischen und sozialistischen Stadt» (S. 3). Über die Beziehung zwischen dem utopischen Moment des Entwerfens und der Wirklichkeit s. auch F. Menna: ‹Profezia di una società estetica›. Rom 1968. S. 131 f.

108] Bloch, ‹Das Prinzip Hoffnung›, a. a. O., Bd. I, S. 16.

109] Ebd., S. 256.

110] Ebd., Bd. II, S. 724.

111] In den Vorlesungen des Wintersemesters 1960/61 in Tübingen hat Bloch es als zweckmäßig erachtet, die Intransigenz seiner Einstellung gegenüber dem Impirismus zu betonen. Bei dieser Gelegenheit sagte er: «... niemals den Kontakt zur Prozeß-Empirie verlieren» (E. Bloch: ‹Tübinger Einleitung in die Philosophie I›. Frankfurt a. M. 1963. S. 157). Das ist sicher ein Schritt nach vorn, aber gleichzeitig ein Schritt voller Vorbehalte und Einschränkungen, hermetisch abgedichtet durch die Hervorhebung des Wortes ‹Prozeß›.

112] Bloch, ‹Tübinger Einleitung›, a. a. O., S. 157.

113] Über das Thema des ‹Schweigens der Logik› und ‹Protest› s. das äußerst anregende Buch von F. Spisani: ‹Logica della contestazione›. Bologna 1969.

114] H. M. Enzensberger, R. Dutschke, B. Rabehl und Ch. Semler: ‹Ein Gespräch über die Zukunft› in: *Kursbuch* 14 (August 1968), S. 146–174.

115] Diese Betrachtung trifft nur auf die messianischen Utopisten der außerparlamentarischen Opposition zu; nicht dagegen zum Beispiel auf die andere Gruppe messianischer Utopisten, die allgemein unter der Bezeichnung ‹Hippies› zusammengefaßt werden. Der Utopismus dieser Extremrebellen versagt jedenfalls, wenn er den Beweis seiner Konkretheit antreten muß; in diesem besonderen Fall empfiehlt es sich indessen kaum, unbesehen an den guten Willen und weniger noch an die politisch fortschrittliche Haltung all ihre Vertreter zu glauben. In dem Round-Table-Gespräch, das von der Zeitschrift *Oracle* aus San Francisco im Jahre 1967 veranstaltet wurde (abgedruckt in: ‹Notes from the New Underground›. Hg. von J. Kornbluth. New York 1968), haben T. Leary, G. Snyder und A. Watts, aufgebracht durch die sarkastischen und treffenden Äußerungen des Dichters Ginsberg, die Zukunft der Bewegung diskutiert. Zu Beginn des Gesprächs hebt Ginsberg beiläufig eine Meinung des Studentenführers von Berkeley, Mario Savio, hervor, demzufolge «das, was die Massen bewegt, Gerechtigkeit und moralische Radikalität, und Zorn, und zwar der Zorn des Gerechten ist» (S. 122). Diese ebenso banale wie richtige Ansicht reicht aus, eime wütende Reaktion des *high priest* Leary zu entfesseln: «Gut, bleiben wir bei dieser Sache. Der Kern der Behauptung [von Savio] bedeutet: wir wollen eine Massenbewegung. Für mich haben Massenbewegungen keinen Sinn, und ich will auch nichts damit zu tun haben. Ich glaube, daß die linken Aktivisten gerade diesen Fehler machen. Ich sehe in ihnen junge Leute mit Torschlußpanik-Mentalität. Sie wiederholen die gleichen öden Diskussionen und Machtkonflikte der dreißiger und vierziger Jahre, der Gewerkschaftsbewegung, des Trotzkismus und so weiter. Ich glaube, sie sollten heilig gesprochen werden, sie sollten aussteigen [*drop out*], sich auf sich selbst zurückziehen, Drogen nehmen [*turn on*] und vor allem Massenbewegungen meiden. Ich sehe da eine große Kluft — ja völlig unüberbrückbare Kluft — zwischen dem Linksaktivismus und der psychedelisch-religiösen Bewegung» (S. 123). Und als einer der Teilnehmer fragt, ob die Welt sich auch in Zukunft weiter auf Technologie stützen würde wie bisher, antwortet Leary mit Ja; doch fügt er sogleich hinzu, daß die Technologie, also alle technisch-produktiven Infrastrukturen von der Erdoberfläche verschwinden und an einen besser dafür geeigneten Ort verlegt werden müßten, in den ‹Untergrund›. Denn — so erklärt er apodiktisch — alles Metall gehört der Erde, also unter die Erde. Doch damit läßt es Leary noch nicht bewenden: er verkündet weiter, daß in diesem verbuddelten Reich der Technologie die Arbeit von einer neuen Primatenart geleistet werden würde, die zwar von der Menschengattung abstamme, aber doch nicht mehr zu deren Vertretern gezählt werden könne. Die ‹wahren› menschlichen Wesen – das heißt alle jene, die sich vermittels der Droge von der *plastic society* zu befreien vermocht haben – könnten dann einem bukolischen Leben auf der Erde frönen, indem sie von den Produkten der alles andere als bukolischen Arbeit jener zehren, die im Untergrund schaffen. In aller Klarheit tritt hier hervor, was hinter dieser ‹Politik der Ekztase› lauert: eine Groß-Träume nährende autoritäre Ideologie. Die von Leary gepredigte Welt ist durchtränkt mit Ideen des Sozialdarwinismus. Seine feindselige Haltung gegenüber den Massen mausert sich hier zu einem Herrschaftstraum, der Herrschaft über die Massen. In seiner kleinbürgerlichen Megalomanie konzipiert er eine Welt nach Maßgabe seiner Ranküne. Vor kurzem scheint Leary – ausgebrochen aus einem Zuchthaus in Kalifornien und nach Algerien geflüchtet – sich einer mehr der außerparlamentarischen Linken angenäherten politischen Haltung zuzuwenden. Sein Richtungswechsel, der noch unter Beweis zu stellen wäre, widerlegt durchaus nicht unseren Kommentar über seine bisherigen, oben erwähnten Einstellungen.

116] Vgl. den Essay von R. Luperini: ‹*Gli intellettuali di sinistra e l'ideologia della ricostruzione nel dopoguerra*› in: *Ideologie* 8 (1969), S. 55–104.

117] E. Vittorini: ‹*Politica e cultura*› in: *Politecnico* 31–32 (Juli–August 1946).

118] In seinen Untersuchungen über die «*imagination materielle*» hat G. Bachelard, der Psychoanalyse sehr nahekommend, mit beispielhafter Klarheit gezeigt, wie in den formativen Prozessen der sprachlichen Symbolisierung, insbesonders bezüglich Luft, Wasser und Erde, die Natur oftmals als die Zielscheibe unserer aggressivsten Triebäußerungen erscheint (vgl. G. Bachelard: ‹*L'Eau et les rèves – Essai sur l'imagination de la matière*›. Paris 1942; ‹*L'Air et les songes – Essai sur l'imagination du mouvement*›. Paris 1943; ‹*La Terre et les rèveries de la volonté*›. Paris 1948; ‹*La Terre et les rèveries du repos*›. Paris 1948).

119] Vgl. ‹*Parade de l'environnement*› in: ‹*Urbaniser la lutte de classe*› [Utopie]. Paris 1970. Der Text, der während der International Design Conference 1970 in Aspen vorgetragen wurde, ist eine polemische Stellungnahme gegen die bürgerliche Ideologie, welche die ökologische Mode impliziert. Die Autoren definieren den heutigen Kreuzzug für die Rettung der Umwelt als eine «soziale Droge, ein neues Opium für das Volk» (S. 52).

120] Die ökologische Mode ist heute international verbreitet, doch das Epizentrum, der eigentliche Brutherd dieser Mode ist in den USA zu suchen. Die offizielle Kreierung der Mode ist der öffentlichen Aktion zu verdanken, die sich um das Thema seitens der Initiative Präsident Nixons Anfang 1970 entwickelte (vgl. R. M. Nixon: ‹*National Environment Policy, Act of 1969 (Statement, Remarks and Announcement, January 1,*

1970)› in: *Weekly Compilation of Presidential Documents* 6:1 [5. Januar 1970] ; ‹*President's State of the Union Message (January 22, 1970)*› in: *Vital Speeches of the Day* 36:8 [Februar 1970] ; ‹*Control of Air and Water Pollution at Federal Facilities (Statement and Executive Order, February 4, 1970)*› in: *Weekly Compilation of Presidential Documents* 6:6 [9. Februar 1970] ; ‹*Environmental Quality (Remarks, February 10, 1970)*› in: *Weekly Compilation of Presidential Documents* 6:7 [16. Februar 1970]). Nicht weniger wurde aber diese Mode hochgeschaukelt durch eine Pressekampagne, die sich unverzüglich zum Interpreten der Aktion des Präsidenten machte. Wie auf einen Befehl widmeten sich von einem Tag auf den andern die wichtigsten amerikanischen Presseorgane – *Times, Newsweek, Life, Fortune, Business Week* und sogar *Playboy* – alle eingehend diesem Thema.

121] Vgl. R. Heilbroner: ‹*Ecological Armageddon*› in: *The New York Review of Books* 14:8 (23. April 1970), S. 3.

Namenregister

aktuell rororo

Herausgegeben von Freimut Duve

aktuell rororo

Herausgegeben von Freimut Duve

Gesamtauflage über 3,2 Millionen Exemplare

rororo tele
Information und Bildung

Herausgegeben von
Dr. Gerhard Szczesny
in Zusammenarbeit mit dem Fernsehen
Jeder Band mit ca. 60 Abbildungen

Die rororo tele-Reihe legt die interessantesten naturwissenschaftlichen, technischen, literarischen und politischen Sendefolgen aller deutschsprachigen Fernsehbildungsprogramme vor. In jedem Band wird das betreffende Thema selbständig behandelt, so daß es zu seinem Verständnis keiner speziellen Vorkenntnisse oder Hilfsmittel bedarf. So können auch Leser, die eine Fernsehserie nur teilweise oder gar nicht gesehen haben, den gesamten Stoff ohne Schwierigkeiten erfassen. Jeder Band mit Literaturhinweisen und Register.

rororo tele
Information und Bildung

Herausgegeben von
Dr. Gerhard Szczesny
in Zusammenarbeit mit dem Fernsehen
Jeder Band mit ca. 60 Abbildungen

Günter Wallraff

Industriereportagen

Als Arbeiter in deutschen Großbetrieben

Am Fließband einer Autofabrik, auf der Helling einer Werft, am Hebel einer Rohrschneidemaschine, in der Sinteranlage eines Stahlwerks hat der durch seine kritischen Reportagen von den Kehrseiten des Wirtschaftswunders bekannt gewordene Autor den Arbeitsalltag der Massen geteilt. Wallraff hat mitangesehen, wie an Akkordarbeit Ehen zerbrachen; er hat Kollegen erlebt, die sich bei ihrer Arbeit Staublungen geholt hatten; er hat Aborte ohne Tür benutzen müssen; er hat sich von Vorgesetzten duzen lassen müssen, die mit «Sie» angeredet werden wollten; er hat bürokratische Routineschikanen erlitten. Was Wallraff als Arbeiter und Hilfsarbeiter an rücksichtsloser Ausnutzung der Arbeitskraft selbst erfahren hat, wird in seinen Industriereportagen zu einer Anklage, für die nur Fakten zählen. Die Forderungen nach der Humanisierung des Arbeitsprozesses sind noch nicht erfüllt worden, noch immer werden Arbeiter, meist aus Profitstreben, zu einem bloßen Werkzeug der Fabrikation degradiert.

rororo sachbuch 6723

Umwelt aus Beton oder Unsere unmensch- lichen Städte

**Herausgegeben von Uwe Schultz
Mit einem Nachwort
von Alexander Mitscherlich**

Zwischen Babylon und Gralsburg / Die schmutzige Stadt / Lärm macht krank / Das geplante Verkehrschaos / Die grüne Großstadt / Kinder haben keine Lobby / Die kaputte Familie / Alte Menschen in der Großstadt – hilflos? / Die freudlose Stadt / Wie frei macht Stadt- luft heute? / Kunst am Bau – Baukunst! / Sanierung statt Neugrün- dung / Der Bürger als Gestalter oder Opfer der Planung?

rororo aktuell 1497

Ihr aber tragt das Risiko

Reportagen aus der Arbeitswelt Herausgegeben vom Werkkreis

rororo Band 1447

«Für eine Gruppe von Leuten, die sich ebenfalls als links verstehen, dürfte dieses Buch von äußerster Wichtigkeit sein: Für die, die doch nicht so genau wissen, wie's hinter Fabriktoren aussieht; für Studenten, Intellektuelle, die letztlich nur im Bündnis mit den Arbeitern etwas erreichen können; zu diesem Zweck aber müssen sie die Lebensverhältnisse kennen, besser kennen, als ihnen die Schulweisheiten und Erziehung vermitteln konnten, kennenlernen von denen, die wirklich jeden Tag am Fließband hängen. Dadurch werden sie zwar noch nicht zum Proletarier, aber gelangen vielleicht einen Schritt weiter an die Realität, die zu verändern Aufgabe eines jeden ist.»   Süddeutsche Zeitung, München

«Was dieses Buch wichtig macht: Hier ist zu erfahren, daß die Lohnabhängigen die totale Entfremdung nicht passiv erdulden wollen, sondern daß sie auch sprechen können und zum Widerstand bereit sind.»

Frankfurter Rundschau, Frankfurt